云南省文艺精品创作扶持项目

杨红昆　官玉华 / 著

云南人民出版社

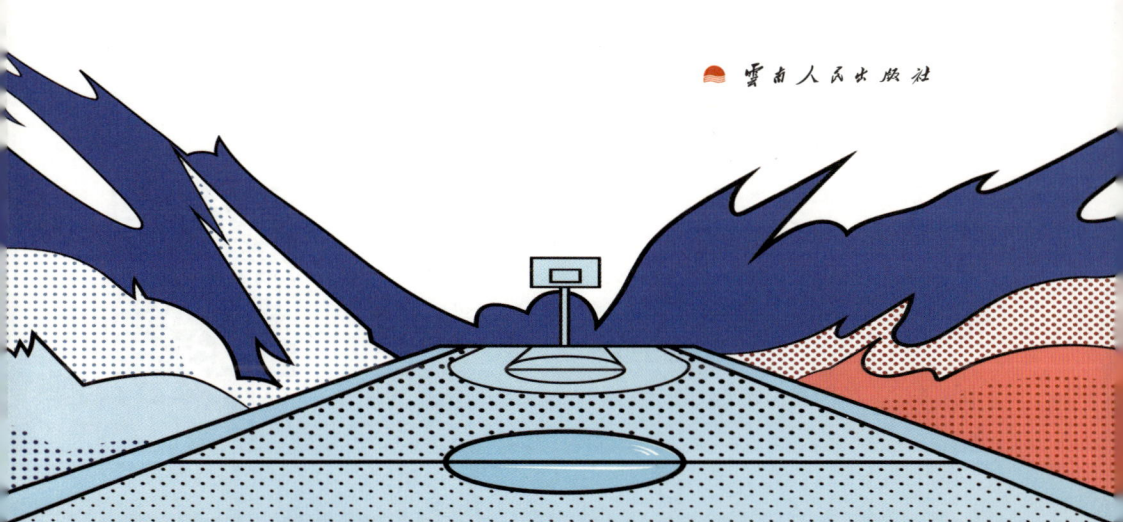

图书在版编目（CIP）数据

篮球姐妹 / 杨红昆, 官玉华著. -- 昆明：云南人民出版社, 2024.6. -- ISBN 978-7-222-22995-2

Ⅰ. K825.47

中国国家版本馆CIP数据核字第2024597E1C号

责任编辑　周　颖　严　玲
特邀编辑　徐梓涵
装帧设计　张益珲　刘光火
责任校对　周　彦
责任印制　窦雪松

篮球姐妹
LANQIU JIEMEI

杨红昆　官玉华 / 著

出　　版	云南人民出版社
发　　行	云南人民出版社
社　　址	昆明市环城西路609号
邮　　编	650034
网　　址	www.ynpph.com.cn
E-mail	ynrms@sina.com
开　　本	720mm×1010mm　1/16
印　　张	10.5
字　　数	110千
版　　次	2024年6月第1版第1次印刷
印　　刷	云南出版印刷集团有限责任公司华印分公司
书　　号	ISBN 978-7-222-22995-2
定　　价	58.00元

云南人民出版社微信公众号

目录

1 // 第一章 · 大国旗手
15 // 第二章 · 杭州弄潮
23 // 第三章 · 篮球礼赞

35 // 第四章 · 鏖战东京
53 // 第五章 · 悉尼悉尼
61 // 第六章 · 锡都旧事

71 // 第七章 · 山海之间
81 // 第八章 · 伟伦体校
95 // 第九章 · 恒予中心

108 // 第十章 · 礼物：MVP
123 // 第十一章 · 奥运之梦
137 // 第十二章 · 巴黎相见

第一章 · 大国旗手

"大莲花"平地而起，舒张自信，吸纳钱塘江浪潮磅礴浩荡气势，呵护西湖灵秀清辉，激荡灵隐寺悠扬钟声。由28片大花瓣、27片小花瓣组合的屋顶，瑞气升腾，气势恢宏，线条流畅奔涌，成为杭州大地蓬勃生长的有容乃大之混元景观。

不过，我也只是在"大莲花"面前闪了一下，就直奔西湖。尽情逗弄了湖边的松鼠之后，前往虎跑泉，感受这天下闻名的泉水魅力。

看上去闲适，其实焦虑。无他，只为等待一张门票，杭州第19届亚运会开幕式的门票。

在上海参加完一个文学论坛，时间刚好跟杭州第19届亚运会开幕式对接得上，马上坐高铁赶往杭州，来拿这张等候已久的门票。在高铁上打电话给中国作家协会杭州创作之家的朋友，朋友说他在外地出差，今天赶回来，不要急，票就在办公室的抽屉里好好躺着，我先自便，等他电话。

典型的被"扔"在半路，还好是在高铁上。也只能到杭州先溜达一下，等着朋友的电话。好在开幕式是第二天，要不然，就白跑了。下了高铁，先到"大莲花"打个卡，随即到西湖边松松筋骨，逗逗松鼠，想着上次来没有去虎跑泉，就着这个机会了了心愿吧，毕竟虎跑泉离疗养院不算远。

溜达归溜达，心还在门票上。为了这张门票，没少折腾朋友。还在省作协工作的时候，跟各地作协工作者有诸多文学交往，如今虽然联系不多，但那份情感还在。

尽管一票难求，杭州的朋友还是使出浑身解数，买到这张票，并将票送到疗养院。只不过老天还要给我来一个小插曲，不能马上一睹门票的真容。

上山的小路，幽静湿润，一路都是下山的本地人。确定是本地人不是游客的证据是这些人手提两塑料桶的水，或者手提一大塑料桶的水，或者背着一大桶水下山。好奇地问了几个人，都说是虎跑泉的水，背回去泡茶。

气喘吁吁到达泉边，手机响了，疗养院的朋友打来的，说"到办公室来吧，我很快到了"。"好，马上到"。放下电话立即下山，当然，不忘用矿泉水瓶接瓶水，留个纪念。

下山，打个车，直奔疗养院。

中国作家协会杭州创作之家是中国作协名下的疗养院，是当年丁玲女士捐献的，不过几幢小楼，在这里疗养，可谓在人间天堂中的世外桃源享受修行之乐。出门是俗世，进门是文坛，真正的风水宝地。

到达疗养院，朋友已经在门口等着。见面寒暄之后，他笑嘻嘻将票递过来："本来要请你吃饭，顺便约几个老朋友聚一聚，可惜又有会议，你还得自便了。"

"这应该我做东呀！"我说道。

朋友大笑说，"你到杭州，吃饭的话轮不到你，就像在昆明轮不到我一样。不过这饭就免了。记得书出版后寄一本给我就算报答这张门票了"。便匆匆坐上等待的车。我只能看着车尾，行个注目礼，略略表达一点心中的谢意。

果然是文人侠胆，我被深深感动了。

揣着门票，又来到"大莲花"，坐在台阶上，喝口虎跑泉的水，终于可以专心致志感慨万千。"大莲花"只是形象比喻，正式的名称更是如雷贯耳：亚运会主会场杭州奥体中心。吸纳杭州之灵气，孕育体育之灵丹，出关领衔的使命便是完成杭州亚运会开幕式的神圣时刻，在"大莲花"就地淬炼出48枚金牌得主，迎接其辉煌的临世大典。

世界之大，并非都是海洋般广阔的场景，所谓袖里乾坤、一沙一世界，广阔的场景中，细小的事物也有以小见大之功。所以历来的体育盛事，都会出现撩拨眼球、带给人们惊喜的各种"小小意外"。这种"小小意外"，仿佛自然生长的"天然瑕疵"，让美好更加真情实意，瞬间抵达最柔软的内心深处，抚慰激情四射的情绪，真真切切感受人间的爱意在体育的海洋中不经意间就悄然绽放，让人喜不自禁。

此刻的我，就在"大莲花"前迎接"小小的意外"成就的一张门票带来的"大大的惊喜"。

第二天，经过安保检查后，顺利入场。找到位子坐下，长舒一口气。坐在"大莲花"中间，仿佛坐在一个时间旅行器中，人流从各个通道涌进来，加上暖场的音乐声，有力量在胸臆间盘旋、涌动，激荡着奔涌到全身——激动提早到来了。

到了暖场时间，一群看上去不过五六岁的萌娃，穿着精致的表演服装，十分投入地表演双手拍两个篮球的节目，结果，"小小意外"发生了。一个萌娃一直拍，一直拍，就是拍不起篮球。不用说，萌娃心中早已慌作一团，但是他就是不放弃，坚持拍着地上的篮球。可惜手法、力度不到位，无论怎样努力，始终拍不起篮球……

万众瞩目之下，萌娃的慌乱一目了然，不过值得称道的是萌娃一直在努力，执拗地希望将篮球拍起来。在开幕式前的练习中，相信萌娃没有出现这种失误，否则将会失去出场表演的资格，观众也将看不到这有趣又令人联想到体育精神的插曲。

萌娃当然想不到，他拍不起篮球的原因有客观因素。亚运会这几天，杭州下了几天的雨，地上有积水，湿滑的篮球加上方式不对拍不起来其实正常。

这个意外的表演"瑕疵"，并没有让观众反感，也没有引发追求"完美"者的指责，反而对这个小"插曲"欣喜不已。开场就有萌娃的"爆点"，这是盛会生发的祥瑞。

事实上，称杭州第19届亚运会为盛会，有些委屈了。就其规模、形式来看，"前无古人"毫无疑义，后来的其他国家想超越的难度也是五星级别，因此说是盛会中的盛会一点也不为过。理由随便列举都有不可辩驳的说服力。

2023年新冠疫情刚刚结束，紧接着国际形势风云变幻，战争、经济危机、大萧条的阴霾笼罩全球，中东一带战争阴云密布。在这样的背景之下，全球亚运理事会的45个会员国无一缺席，12417名运动员、4975名包括教练员和领队在内的随行人员，共计17492名参赛人员云集杭州，远远超过历届亚运会参赛人员数量，盛会中的盛会名副其实。开幕式暖场的"瑕疵"，当然可视为祥瑞的副产品，也是带给在场8万观众额外的快乐"礼品"。

暖场结束之后，全场安静下来，蓝色的灯光下，"大莲花"如梦如幻，宁静神秘，仿佛有容纳天地的容量。体育追求将动态之美以极致的方式呈现，此刻亚洲体育盛事即将在钱塘江潮的伴奏下汹涌澎湃地展开，开幕式前的静谧力量在无声聚集，等待着一飞冲天的时刻。

果然，当主持人宣布中国国家领导人和亚组委成员进场时，灯光的反应最为迅速，红黄色灯光从"大莲花"的高处亮起，活灵活现的莲蓬特效出现了——底部蓝色灯光是巨大的莲蓬，莲蓬

中心闪烁着金色的点状光柱，那是活灵活现的藕芯，紧接着良渚文化元素在莲花中心不断涌现，灵动、飘逸，满满的农耕文明精髓在高科技的灯光组合中翩然飞舞……

国旗入场的时刻到来，8名武警护着国旗入场，全场响起《我爱你中国》的歌声，全场观众不约而同跟着唱了起来，"大莲花"内气浪来回激荡，一股混元之气在歌声中酝酿，力道越来越强劲……直到国歌响起，混元之气灌注到旗杆，托举着红旗冉冉上升……

然后是运动员代表团入场，随着"阿"字头的代表团率先入场，观众想必都理解了，入场国家代表团顺序按照汉语拼音的顺序排序。聪明的观众马上想到Z字母开头的中国代表团原来要压轴登场，以东道主的名义将先期亮相的机会让给其他国家的代表团。

随着《歌唱祖国》的歌声雄浑响起，中国代表团出场了。从专用通道走到正中的电子大屏前，90度转弯后，正对着主席台，走向前方……与此同时，脚下的电子画面转换为"万里江山"图，运动员在崇山峻岭、大江大河中阔步上前……

最前方的礼仪小姐，举着扇形引导牌，步态轻盈，仿佛一股清流，缓缓推开光影的虚幻世界。后面几米处，旗手在万众瞩目中昂然亮相，一男一女两名运动员，共同手持一杆红旗闪耀登场，男旗手步伐矫健，女旗手脚步轻盈，稳稳护住红旗，英姿勃发。

第一章 · **大国旗手**

　　运动员的入场服装一改过去运动会的色彩传统，以白色和蓝色为主色调，白与蓝碰撞出闪耀星辰的遐想，象征着群星闪耀的体育拼搏精神，在设计中加入了锁子甲、青花瓷和牡丹等中国元素。男的西装白裤，女的西装白裙，配以白色鞋子，干净清爽，清新雅致，令人眼前一亮，带来无限的文化遐想。运动员的动感跟服装的静意完美结合，动静自如。加上运动节奏昂扬的《歌唱祖国》的音乐，中国代表团的风姿威仪一览无余。

　　一男一女两名旗手的创意，来自国际奥委会。2020年3月，国际奥委会宣布，鼓励参加2020年东京奥运会的各个代表团在开幕式上派出男、女各一名运动员作为旗手。国际奥委会执委会会议补充称，本届奥运会将首次实现全部参赛代表团中至少有一名男性运动员和一名女性运动员担当旗手。亚运会作为亚洲顶级的体育赛事，当然需要与时俱进，杭州亚运会成为首次实行男女双旗手入场的洲际运动会。

　　杭州亚运会中国体育代表团总人数有1329人，运动员有886人，其中女运动员437人，男运动员449人，包括了36名奥运冠军。共有67人参加过2016年里约奥运会，201人参加过2020年东京奥运会（于2021年7月23日开幕），226人参加过2018年雅加达亚运会，630人为第一次参加亚运会。如此豪华的阵容，有资格、想担当旗手的运动员不在少数。身为运动员，都知道旗手的分量和价值，以及其所代表的意义，那是含金量高于金牌的荣誉，是每一个优秀运动员梦寐以求的渴望所在。

在古代的战场上，旗手高举的旗帜，是信仰和力量的象征。亚运会的旗手们则以自信、坚定的步伐引领队伍，展现出国家的强大和团结。传递公平、竞争、团结和友谊的价值观。激发人们对体育的热爱和对国家的自豪感。

9月的杭州，女旗手这份荣耀实现在中国女篮队队长杨力维身上。

杨力维是中国女篮队队长，从2018年雅加达亚运会随队夺冠，到2022年女篮世界杯荣获亚军，再到亚运会之前与队友夺得女篮亚洲杯冠军，杨力维参与、见证了中国女篮的拼搏历程。最让人震撼的是悉尼亚洲杯对阵澳大利亚的比赛，杨力维意外受伤，被抬出球场……其实她不是被抬出球场，而是被抱出球场的。在她受伤倒地，裁判吹哨暂停的时候，妹妹杨舒予已经冲到球场，抱起了姐姐。然后，在队友的帮助下，杨力维随即被送到球员休息室。战胜日本队夺得亚洲杯冠军后，杨力维拖着缠满绷带的伤腿走进球场中央，跟队友一起庆祝这历史性时刻，兴奋的女篮姑娘们围着杨力维转圈、欢呼，那激动人心的场面感染了在场的观众，赢得热烈的掌声。

萌娃队伍拍打篮球的表演代表中国篮球的未来，女篮队队长担当旗手代表的是中国女篮的现在，实力跻身世界强队行列的当下水准。

杨力维笑容内敛、意气风发，蓝白色的礼服、白色的鞋子、一米七六的身高恰到好处，手中的国旗风采四溢。

            掌声雷动，音浪激发情绪的海啸。值了，就冲这一刻，不枉这趟杭州行带来的刻骨铭心的开幕式记忆。我情不自禁站起来大喊："杨力维，好样的。你是云南的骄傲。"

            想不到一开口，早就激动的情绪再也无法抑制，激荡的情绪如青春回归，不顾一切继续大喊："杨力维，好样的！你是云南的骄傲！"……直到声嘶力竭，直到身边的观众欣赏地围观我这个近乎癫狂的老汉，直到我指着英姿飒爽的杨力维，嘶哑着声音解释："女旗手，杨力维，我们云南的。"直到身边的观众善意地鼓掌回应，有人竖起大拇指说："好，云南好。"……

            后来，我在新闻花絮中看到，入场之前，有记者见缝插针，问及杨力维此刻的感受，这位来自云南体育世家的女将笑意盈盈，朗声回答："我能成为旗手，这是对中国女篮的认可，更是属于中国篮球的荣誉。"

            自1974年中国参加亚运会到如今的杭州亚运会，除2010年在广州举办的第16届亚运会上，赛艇运动员金紫薇担当过女旗手外，杨力维是第二名女旗手。虽然说沾了双旗手规则的光，但是能从437名女运动员中脱颖而出，并非运气，而是实力和人品使然。

            如杨力维所说，荣当亚运会旗手，是她的荣光，也是中国女

篮的荣光，更是女篮这个团队奋力拼搏得来的奖励。从体育精神的角度看，旗手是中国女篮屡经挫折，从12年前的低谷一路走来的那份坚持、执着，那种对信念目标永不言弃，无所畏惧，敢于释放的勇气赢得的，是"团结协作、敢打敢拼、永不放弃"的女篮精神的回报。

三大球中，中国女将在竞技场此起彼伏，总有一支队伍为三大球撑住面子和里子，或者女足，或者女排，或者女篮，可谓前赴后继，不屈不挠，总有一支球队站在前列，让任何对手不敢轻视。中国女篮作为三大球备受瞩目的项目，也是一路摸爬滚打，用无数的汗水和伤痛，拼来了今天飒爽英姿骄傲执手红旗的地位。

先期中国篮球协会（简称"中国篮协"）官网公布杭州亚运会中国女篮参赛名单中，韩旭和李梦领衔，李月汝和杨力维等主力球员在列。最让我期待的云南姑娘，21岁的杨舒予最终入选大名单。杨力维、杨舒予两姐妹再次联袂出战，证明了姐妹花的实力和状态是当下最好的。

这个搭上末班车的妹妹，跟姐姐先战亚洲杯，现在又将手拉手跟着姐姐一同征战杭州亚运会。姐妹花连续携手中国女篮的佳话，实为杭州亚运会最艳丽的插曲。最有意思的是之前的亚洲杯，杨舒予一直是"板凳队员"，神奇的是，比赛结束后，她登上了中国女篮队员社交网络热搜第一名。这是新生代球员的影响力，因为出色的球技和俊秀的外形，杨舒予一直有很高的人气，从参加东京奥运会三人女篮比赛历史性夺得铜牌，到全运会夺冠，与杨舒予有关的话题经常获得"破圈式传播"。亚洲杯在社交网络"登顶"，也是缘于她的粉丝们的热情。这份影响，对国内社区篮球、校园篮球，尤其是青少年篮球的发展，无疑是难得的推动力。亚洲杯上杨舒予虽然上场时间很少，但是她一直在学习，一直在"阅读"比赛。北京体育大学的在读大学生，除了篮球天赋，还有超强的悟性和惊人的克制力。教练没有安排上场，场下递水、安慰、助威打气这些义务一样没有少。从她跟踪场上比赛动态的眼神中看得出来，她是场外的"参赛者"，仿佛"第六个"队员，用意念参赛，进攻、投篮、抢断……这一次，相信教练必定安排她上场，相信她也会用实力证明自己并非浪得虚名。

想到这些，我更加激动，这是一支正处于黄金时期的篮球队。每一个队员都充满活力与自信，对胜利充满渴望，对挑战毫不畏惧，无论防守还是进攻，实力游刃有余，每个人都能在赛场上展示出篮球天赋与潜力。中国女篮将带来一场盛宴，无论是球员还是观众，都是这场盛宴的享受者，都是美好的篮球运动生活的缔造者。从杨力维手执国旗健步入场，享受体育、享受篮球魅力的大宴就已开启。

直到开幕式结束，杨力维手持国旗，飒爽英姿的步伐在我脑海中挥之不去。身为云南人，蓝衣白裙元素无法不将七彩云南的蓝天白云、雪山雨林、海鸥、孔雀联系在一起……

从世界杯亚军到亚洲杯冠军，中国女篮旗手的荣誉，是队长杨力维带领的女篮姑娘在赛场上团结协作、努力拼搏的鼓励与回报，也是中国女篮拼搏精神与体育精神完美契合的奖励。

大国体育旗手，从来就是高规格、高起点、高要求，从来都是永不放弃的英雄，必须是团队和个人的优中之优，人品、技艺有说服力的佼佼者。回观历次国际国内赛事的旗手，无一例外。

以2010年广州第16届亚运会旗手金紫薇为例，也是靠实力和成绩得到这一荣誉。从2003年荣获全国城市运动会女子单人双桨冠军，到2004年的世界杯女子八人单桨亚军、2005年的第十届全国运动会女子双人双桨第一名、2006年的多哈亚运会女子单人双桨金牌、2007年世界赛艇锦标赛女子四人双桨第三名、2008年北京奥运会女子四人双桨冠军，经历了从个人到团队的成长和成功，才有资格成为中国参加亚运会以来第一位女旗手。

从金紫薇到杨力维，国际奥委会和东京奥组会共同倡导的双旗手倡议，彰显女性在体育领域的地位越来越得到重视和尊重，以及认可。这一改变，其实来之不易。

时代在进步，唯有体育精神时常超越时代，走在前列。2023年，全球动荡，危机四伏。此刻举办亚运会，无疑担当起世界和平、交流的重任，开幕式上男女旗手同时出场，用行动向世界证明了体育精神的和平担当。

杨力维作为中国女篮队队长，恰好赶上了双旗手的时代，看上去幸运的后面，是中国女篮12年来励精图治、一步一个脚印，继中国女排精神之后打造出中国女篮永不放弃的拼搏精神得到的认可和回报。

第二章 · 杭州弄潮

回到昆明，我始终回想着开幕式的场景，回想着云南姑娘杨力维踏着矫健的步伐，走向镜头，走进观众、球迷眼中，昂扬的英姿，仿佛伴随着不可阻挡的力量，更仿佛是为6天后中秋节前后的钱塘江大潮提前造势，事先将体育精神注入潮水中。接下来，女篮的每一场比赛都变得牵肠挂肚，长时间成为摆设的电视机突然变得重要，天天开着，固定在体育频道，播放女篮比赛直播和重播。

转眼到了10月5日，迎来中国女篮跟日本女篮决赛的最后日子。曾经有过跟红塔足球队同机到上海随队采访、观看甲A比赛经历并写过一本关于云南足球专著的我，自认为写这本书不能不去观看这场决赛，以球迷的角度现场感受。

在球馆坐下之后，才发现还是早了点，双方运动员都还没有出场热身，现场也没有几个观众，进来的人稀稀拉拉散落在球馆就消失在一排排的座位中。心想既来之则安之，不如先打个盹。

刚闭上眼，边上座位的观众也到了，动静有些大，打搅了小憩的计划。

这是一个40来岁的中年人，身材高大，健壮，平头。身高估计不下一米八五，穿着一套运动服，将背上的行李包放下后就开始捣鼓，拿出一套摄像器材，开始安装。看样子是准备录像，不过也不像记者。好奇之下，试探着问了一句："好专业的设备，哪家新闻机构的？"

那人瞟我一眼，出于对长者的礼貌回了一句："不是记者，篮球同行而已，录点资料回去。看你打扮不像本地人，这么大年纪来看球，发烧友啰？"

听出广东普通话的味道了，马上增进一下感情："广东人？"

那人惊讶，集中注意力了："你怎么知道？"

我微微一笑："广州的，来看中国队跟日本队的决赛，还录像。我跟你打个赌，你是冲着杨力维跟杨舒予姐妹俩来的吧？"

广东人微微吃惊，眯着眼睛问："你怎么知道的？"

"我知道的是杨力维杨舒予姐妹俩是你们广东女篮的主力，我还知道的是姐妹俩是云南人。我就是专程从云南过来看这场球赛，回去要写一本跟姐妹俩有关篮球的书。"

广东人听到这里，笑容满面，主动握手说："云南广东，一起出彩。"

我这才说出心中的疑问："你是篮球界的？录像是为了教学？"

广东人爽朗地说："看你是杨力维的老乡，给你说句实话。做自媒体的，在广州算是球探，还写篮球评论，跟你一样，杨力维的粉丝。"

说话间，他也摆放好摄像机，回身坐在座位上，将镜头对准进场准备热身的球员。

双方运动员入场之时，观众大多都入场就座，球场立刻热闹起来。不时有欢呼声、短暂的口号声预演。

杨力维和杨舒予姐妹俩如愿出现在热身队伍中跟队友投篮、传递球、跑位。看看广东人，镜头移动的角度跟姐妹俩变换的位置高度吻合。果然是冲着姐妹俩来的，这份诚意实在厉害，假如换作我，一旦在谈判的场合看到这样的录像真的不知道能不能抵抗得了这种心意。

时间渐渐接近比赛，中国篮协主席姚明走出通道，出现在观众的眼中，立刻引发不小的骚动。这位当年的NBA巨星已经不再打球，但是他的影响力足以胜任篮协主席。

"男篮失利，他只能依靠女篮。还好，有女篮，不然，危机重重。"广东人将镜头转向姚明，嘴巴也不闲着。

尽管中国女篮在2023年悉尼亚洲杯上战胜日本女篮获得冠军，但这并不意味着亚运会中国女篮面对日本队就有绝对的胜率。小山一样的姚明坐镇，有"御驾亲征"的意思，有破釜沉舟的含义，也意味着女篮必须拿下这场决赛。

话说回来，这也是所有球迷的想法，包括我、广东人、身边的观众，女篮姑娘、教练，包括那些在酒吧、电视机前看球的球迷，既享受过程也渴望结果如大家所愿。

比赛开始，双方就进入激烈的对抗中。双方的攻防转换十分迅速，你来我往，互不相让，导致开赛近2分钟还是得分空白后，才由韩旭首开进球记录。这样罕见的拼斗场面，说明双方志在必得。中国女篮要捍卫自己的战绩，在家门口赢取亚运会冠军，日本女篮则想报亚洲杯一箭之仇，夺回亚洲女篮霸主的地位。

日本女篮横下一条心要赢得这场比赛，中国女篮却存在场外若干因素的干扰，压力要比对手大得多。就在决赛的前一天，中国男篮在半决赛中"阴沟翻船"，输给了笃定可以战胜的菲律宾男篮。此外，中国男足在八强赛中输给韩国，给球迷无数惊喜的中国女足也在半决赛中折戟，输给日本队。最让球迷痛苦的是，不是输给日本的主力球员，而是替补和非主力阵容。

此刻，能够为三大球守住面子和里子的只有中国女篮。为此，恨不得亲自做领队的篮协主席姚明，中国女篮的比赛场场亲临，相信也有借以忘记对中国男篮的失望和气恼的意思。

果然，信心满满的中国女篮没有让人失望，比赛前三节一直牢牢掌控着场上的形势。意外的是最后3分钟，日本女篮疯狂反扑，顽强地将比分扳平到65∶65。最让人气恼的是，日本队65分比65分扳平比赛之后，竟然就群情振奋，提前庆祝比赛的最终胜利了。日本的主教练也是笑容诡异，仿佛有什么神秘的力量暗中帮助他胜券在握，仿佛胜利的天平掌控在日本队手上。

"笑得太早了。"广东人一边录像一边冷冷地说。他知道我在听，就在他身边，而且跟他的想法绝对一致，期待女篮姑娘不掉链子。

转念一想，不可能，男篮的事不会在女篮发生，日本队你是真的笑得太早了。

果然，球迷们不干了，为女篮姑娘助威的喊声震耳欲聋。这可是中国队的主场，"大莲花"的气场专门是炼化冥顽之气的大丹炉，笑得太早了！

比分65：65的时候，主教练郑薇叫停。女篮就是女篮，怕掉链子就会实时检修，阻止掉链子的事情发生。杨力维立即上前，安慰下场队员，拍肩膀、说话，缓解她们紧张的心情然后围坐在教练身边，听战术安排。

果然奏效，上场后中国队一个3分将日本教练诡异的笑容僵硬。但是，顽强的日本女篮没有泄气，拼命地追赶比分。当今亚洲篮坛，能够与中国女篮对抗的，只有澳大利亚队、日本队。而日本队为了报亚洲杯失利之仇，早就憋足了劲，渴望在中国队的主场取胜。客观上也具备这个实力，加上韧性十足，竟然将比分再次追平，场外的杨力维焦灼万分，那神情恨不得一跃冲进球场参赛。好在比分始终是中国女篮领先，日本女篮追平。但是日本主教练诡异的笑容，总是让人不放心，总觉得有什么坏招即将使出来。

离日本女篮期待的胜利结束时间只剩下13.8秒，72比72，中国女篮得到发球权。场上的气氛几乎到了令人窒息的程度，不知道中国女篮姑娘如何能够在这样紧凑的时间里进球得分，很多人心中已经绝望，接受了平局加赛的结果。

面对如此不堪重负的压力，女篮姑娘淡定自若，沉浸在比赛中，不受时间和比分的影响。郑薇再次果断叫了暂停，部署这一黄金价值的进攻机会。所有的人都明白，这是最后的机会，进球则圆梦，输球则进入加赛环节，结果将是未知数。在NBA的比赛中，最后十几秒，甚至几秒时间，教练会这样暂停，然后对压哨球排兵布阵，完成致命一击。这样的绝杀，常常奏效、改变胜利的天平。所以NBA的比赛，不到最后一秒，不能谈胜负。压哨绝杀改变比赛结果的巨大魅力，成为篮球文化最具魅力的过程之一，也最为球迷津津乐道。

郑薇的暂停，将这一令球迷窒息的篮球文化带到亚运会，球迷的心都悬起来了，我甚至听到了自己的心跳声。

暂停之后，李月汝换韩旭上场，李梦发前场球，将球发给李缘。殊不知，这是一次绝妙的战术设计，李月汝换韩旭上场，迷惑对方以为中国队是要依靠李月汝主攻。李缘得球，也是虚招，真正的女侠王思雨乘着无人防守的间隙得球，在最后9秒的时刻果断上篮，以2分的优势领先。最后这9秒，中国女篮全线紧逼防守，不给日本女篮三分球翻盘的机会。顽强的中国女篮做到了，自信的中国女篮做到了。终场哨声吹响，中国女篮战胜日本女篮，摘取了杭州亚运会女子篮球桂冠，卫冕成功。

世界杯上2分绝杀澳大利亚队，亚洲杯2分险胜日本队，到如今的亚运会依然是2分绝杀。中国女篮几次在压哨前顶住压力，获得最后的胜利，绝对不是偶然和运气。要说有运气，也是给坚韧不拔的队伍准备的。

这场胜利其实来之不易。中国女篮清远结束集训之后，韩旭才归队，李梦以赛带练，黄思静在澳大利亚联赛热身赛才初次亮相，李月汝半年没有参加正式比赛，队长杨力维拖着亚洲杯的伤腿作战。这样的阵容，全胜的战绩，让对手心服口服的实力，杭州的弄潮儿中，中国女篮是最耀眼的群星组合。

"今晚不醉不归！"当队长杨力维举起奖杯的时候，全场的声浪气势如虹。广东人终于激情爆发，一把抱住我："我请你。广东请云南。"

第三章 · 篮球礼赞

从篮球的角度看，姐妹花只是其中的一个闪耀点，篮球郁郁葱葱雨林中绽放的光彩夺目并蒂莲。篮球森林覆盖的运动精神在人间的璀璨，更大的魅力在于挥洒自如发散到球迷的心中，不受国籍、国界的影响。

如果篮球是体育王国的一个王子的话，跟班就是激情、对抗、热血三剑客。用中国文化来诠释的话，五人组成的篮球队伍就是五行相生，彼此依靠，集团队之力实现目标。然而，让篮球这项运动变得"伟大"的不仅是目标和结果，更不是比分，而是队员携手拼搏的过程，荡气回肠的进攻、压哨绝杀的精妙，将智慧、力量、谋略在有限的场地无限展示的那一个个精妙绝伦的瞬间。

古话说螺蛳壳里做道场。也就是在最紧凑的空间将能力最大化发挥，某种程度上，篮球就是螺蛳壳的道场。

篮球运动的"伟大基因"，从起源就可以得到充分佐证，它的诞生，并非夸张的"横空出世"，而是主题先行，专为青少年设计的室内运动项目。我们可以设想一下1891年篮球诞生的场景：马萨诸塞州斯普林菲尔德基督教青年会国际训练学校的体育教师詹姆斯·奈史密斯站在学校的运动场上，这位加拿大麦吉尔大学的美式橄榄球教练必定雄心勃勃构想着在学校组建橄榄球队伍。不料，系主任却搅乱了他的美梦，希望他像上帝造人一样发明一种新的运动为学校的学生服务，打发学生无聊的冬季室内体育课。"有趣、并不简单、冬天也可以在室内进行"就是全部指令。

　　尽管詹姆斯·奈史密斯已经是博士，这样的要求是信任，也是挑战，更是考验，或者说是挑剔的考验。通常情况下，教师只负责按照教纲的教学要求，圆满完成教学任务即可，现在却要教师发明新的课程，我可以为当时的詹姆斯·奈史密斯抱不平。

　　显然，詹姆斯·奈史密斯也是不平凡的博士，他对这种可以拒绝的"0+1"的创新要求欣然接受，并付诸行动。这是一个漫无目的思考然后捕捉灵感的过程，"天才"的詹姆斯·奈史密斯在大脑中过滤了若干信息之后，竟然将美式足球、英式足球、桃子、装桃子的篮子联系在一起，找到了契合点，篮球运动就此"悄然出世"。不过一百多年的时间，篮球运动风靡全球，成为最受欢迎的体育项目之一，也是商业化运作最为成熟的体育运动项目之一。除了伴生出我们耳熟能详的国内外体育服装、鞋类品牌，还培养了大批国际球星和伟大的篮球运动员。

发明篮球的初衷是为了冬天方便学生在室内运动。但是篮球的神奇之处是会变，像魔方一样会变，或者如长方形的积木，在这个地球上飘来飘去，飘到哪里就在哪里落地生根。然后成为我们生活中的一部分。

落地生根之后，需要发芽开花结果，需要继续落地生根。篮球的另一个神奇之处在于，一旦落地，就有人附和，就会以其与生俱来的魅力吸引球迷、准球迷、未来的球迷加入阵营。

当然，伴生的只能依附篮球而生，王者只能是驰骋球场的球星。历代NBA巨星，包括姚明，可谓数不胜数，构成篮球世界的穹顶的群星，闪烁在篮球丛林的上空，如宝石般璀璨。这些宝石，杨力维、杨舒予最喜欢的会是哪一颗？

向姐妹花的父亲杨飞鹏提出这个问题的时候，是在杨舒予篮球中心，2022年阳春三月，第一次采访时。老杨在他的会议室等着，收口的纯棉运动裤，薄羽绒服，品牌棒球帽，精干、挺拔，典型的教练装束。面对这个问题，他想了一会儿才说："两姐妹喜欢的球星很多，最喜欢的还不好确定。只是她们起步的时候，对乔丹关注更多一些。当然，科比是公认的，盖棺论定的，我，姐妹俩，我一家人都看过那场'生命的礼赞'追思会。有了这场追思会，老科这一生也值了。"

深以为然。

时间上离我们最近、最完美诠释篮球运动精神，不幸离世的NBA球员，球迷脱口而出的名字就是科比——科比·布莱恩特。这么确定的理由只有一个，科比是篮球运动史上将毕生生命和篮球融为一体的伟大球员。全球球迷面对科比时的尖叫和呐喊，是对篮球这项运动附着于具体一个人的膜拜。"伟大的科比"背后，印证的是篮球的伟大。

1978年出生的科比，父亲就是NBA篮球运动员乔·布莱恩特，科比就是"球二代"一名。在NBA篮球运动历史上，"球二代"并不多，也不稀少，但是像科比这样具备优秀天赋为篮球而生的"球二代"旷世难求。

3岁就在父亲的指导下学习打球的孩子放眼全球不在少数，但是能够将人生就此融入篮球、数得出名字的非科比莫属。一旦接触篮球，篮球便伴他一生，并且一路向前，篮球人生如飞驰的火车不可阻挡。1996年成为第一位直接从高中参加NBA选秀的后卫球员，以第13顺位被夏洛特黄蜂队选中。心仪洛杉矶湖人队的科比同样被湖人队心仪，后者用优秀的中锋弗拉德·迪瓦茨跟刚入职夏洛特黄蜂队的科比交换，从此开启20年篮球职业生涯的"开挂"人生，创造单场81分、最年轻全明星首发、连续三年季后赛600分、12次入选最佳防守阵容、退役战60分五个不可超越的纪录。

科比之所以被球迷敬仰，发自内心认可他为伟大的球员，是因为他没有浪费自己的天赋，辉煌的成就后面，坚韧不拔为盾、顽强拼搏为矛。正是身体力行践行体育精神，2020年1月，科比不幸遇难后，才能够激起球迷的无限追思，才有了一个月后，以"生命的礼赞"命名的经典的追思会。

从当年的追思会实况可以看到，除科比遗孀瓦妮莎以及家人亲友外，到场的还有NBA各界球员、教练、高层和近2万名球迷。现场我看到了众多现役和退役的球员，哈登、戴维斯、布克、欧文、韦德、纳什、威少、库里、皮尔斯、加索尔、乔丹、贾巴尔、奥尼尔、拉塞尔、菲尔杰克逊等人，其中包括来自中国的易建联，也低调出席。

追思会上，科比的家人、NBA队友纷纷上台发言，表达对科比的思念，其中乔丹的发言尤其令人深思：我很感谢有机会在这里纪念科比，感恩科比带给我们所有人的礼物——作为篮球运动员、商人、作家和一个父亲所取得的成就。无论是篮球场上的球员，还是生活中的父亲，科比都毫无保留，倾尽全力。……科比将每一分每一秒都投入到他所做的每一件事。离开篮球场后，他展现出自己极富创造力的一面，我不觉得我们任何人都能拥有这样的创造力。退役时，他看起来如此高兴，因为他找到了新的激情所在。他以社区教练的身份继续回馈社会。更重要的是，他是一个了不起的父亲、一个了不起的丈夫，他将自己奉献给了家人，全心全意爱着他的女儿们。科比在球场上从来不遗余力。我想这就是他想要我做的。

乔丹的发言，是对科比的追思，也是对篮球运动的精彩总结。这不仅是生命的礼赞，还是篮球的礼赞。在他的话语中，球迷更加理解了篮球不仅是篮球，还是生命，更是生活。篮球时时刻刻伴随着我们的生活，没有任何藩篱能够阻挡。

的确，当篮球伴随在我的生活之中后，常有不属于篮球的事物附着在篮球上，令我感动至深。比如"篮球女孩"钱红艳。

2000年10月，一场意外的车祸，将云南省陆良县马街镇庄上村的4岁女孩钱红艳卷入车底，导致她骨盆以下完全截肢，成为残疾孩子。爷爷将旧篮球剪开一圈，套在她身体的下面，走路时她就用一双小手拄着特制的"木手垫"，一步一步挪动身体，开始了借用篮球行走的生活，因此得名"篮球女孩"。

没有人想得到，篮球会以这样的方式走进她的生活，也没有人会想得到，这个依靠篮球"行走"的女孩，居然克服了恐惧、依赖和失望，长出自己的铠甲，成为自己的靠山。逆风而上，从篮球女孩蜕变成了无腿飞鱼。2009年，她拿到了全国残疾人游泳锦标赛的金牌，同时还收获了两枚银牌，站上领奖台，万众瞩目，迎来重生的人生旅程。

在迷茫、恐惧、没有安全感的童年、少年时期，套在身体下部的篮球成为她身体的"一部分"，燃起拼搏力量的支撑点。

不过国人对篮球运动的理解和热爱，并非始于科比。这项风靡全球，商业化运作热点之一的体育项目，跟中国的缘分一样很远、很深……

篮球运动发明后的第四年，也就是1895年的12月份，篮球便进入中国，很快，成为国人喜爱的一种运动。新中国成立后，随着全民体育运动的推广和普及，从城市到乡村，篮球成为最受欢迎的项目，而且因陋就简到极致的是，部分地区两块木板钉在一起，固定一个钢筋圈就是篮板。随便打整块空地，树干绑上篮球架并插在地上，就是球场。篮球更是五花八门。标准的篮球不说，替代的有草的、布的、手工缝制的，甚至用猪尿泡吹气的……限于财力，只有工矿企业，才建得起灯光球场……根据专家的说法，中国篮球"从曾经的教会篮球到学堂篮球，从曾经的革命篮球到工农篮球，从曾经的城市运动会的比赛到今天的CBA职业联赛，篮球运动一步步走向辉煌"。

新中国成立之前，1936年柏林奥运会，篮球首次成为奥运会项目，中国派出首支篮球队参赛，首场落败，第二场获胜晋级，进入第二轮。复赛再落败，落选赛中被巴西淘汰。之后中国篮球跟体育运动被动乱的局势淹没在枪炮声中，反倒是"革命篮球"为新中国的篮球发展提前输入了"共识基因"。

艰苦的长征和抗日战争，篮球运动将红军战士的坚强、乐观体现得淋漓尽致，冠之为"革命篮球"，名副其实。正如红军长征洒下革命的火种一样，篮球的"火种"到新中国成立后，立刻在神州大地上燎原，成为全国人民喜闻乐见的体育运动。其中，推波助澜的便是电影《女篮5号》。

1957年上映的《女篮5号》，是体育题材故事片。电影围绕篮球运动员田振华一生的经历和林洁、林小洁母女的不同境遇，揭示了解放前后体育运动员的不同命运。影片中的女篮5号并不仅是一个篮球运动员的代号，她更是一个充满力量与希望的象征。5号是个体，也是五人篮球这一群体运动的象征——5位性格迥异、背景不同的女性，因为对篮球的热爱而走到一起。她们在球场上彼此扶持，共同面对挑战，成为彼此生活中不可或缺的力量。这种团队精神和奋斗意志，正是电影想要传递给观众的核心价值。

遵从自己的内心选择，让篮球成为生活的一部分，承载欢乐和激情，中国的"村BA""村WBA"则是另外一种形式的篮球礼赞，开拓出"快乐篮球"的另类尝试。

时间来到2023年3月26日，厦门凤凰体育馆，2023年CBA全明星赛经过激烈的角逐，最终比分为113∶117，北区明星队获胜。但是风头却被一场田野中的篮球运动会覆盖，仿佛山谷中激荡的风，冲破重重阻碍，翻卷着闯入球迷的眼球，带来眼前一亮、洋溢着烈酒味道的惊喜——就在同一时间，来自草莽的篮球比赛分流了全明星球迷——3月25—27日，贵州省黔东南州台江县台盘乡台盘村，被球迷戏称为"村BA"的贵州"全国和美乡村篮球大赛"总决赛哨声吹响。

不过是村委会级别的篮球比赛，数据却令人十分震撼：3000左右人口的村子，3天涌入10万名球迷，平均每场比赛2万多人。人山人海的程度使赛场周边的围墙上、梯子上、房顶上，全部是挤在一起的人。坐高铁、打"飞的"慕名而来的球迷不计其数。

广州、长沙、桂林、重庆、杭州这些城市的球迷是主力"外援"球迷。网络直播平台上，3天4场比赛观看量更是高达数亿人次，相关话题占据各大社交媒体平台的热搜榜。

伴随着"村BA"的，还有民族歌舞与球赛标配的啤酒、可乐，融入当地生活的烈酒带来的无拘无束的快乐。

而欢乐的顶峰则是"村WBA"。一群没有任何篮球基础的妇女，放下锄头、镰刀、锅铲，解下围裙就上场比赛。比赛的规则就是无规则，上场的妇女抱着球，仿佛抱着战利品老母鸡，从后场直冲全场，然后双手"掀球"。队友和对手互不相让，你争我抢，俨然是美式橄榄球比赛的场景，让观众的嗓子都笑哑了。

"村BA"的火爆，细数原因，有方方面面的因素，但是不管何种原因，"魂"系篮球，没有篮球为核心，一切都是乌有。"村BA"也不是凭空产生的乡村运动项目，跟前文说过的"工农篮球"密不可分。

中国篮协融入商业化运作体系之后，职业篮球的诞生对历史上火爆的"工农篮球"带来致命打击。企业对业余体育运动的关注度和投入度降低，乡镇也在各种工作压力下疏于对体育运动的扶持。尽管如此，乡村篮球因其自身的特性，一直在业余体育运动的夹缝中顽强生长。"篮球的场地和技术门槛低，找块空地就能办"，如此，篮球成为全国各地，尤其是贵州乡村群众的最爱。

回到篮球体系来看，"村BA"的属性就是社区篮球。而社区篮球的重要性以及对社区建设的支撑性，其意义非同一般。

事实上，篮球这项充满活力的运动，不仅是一项竞技，更是一种精神，一种生活态度。它所蕴含的体育精神，以及它对社会产生的"种子效应"，深深影响着当今的社会生活。

掌握这一属性，将职业篮球与社区篮球巧妙结合在一起的，并且巧妙连接两个省的篮球情愫的俱乐部，按照时间排列，最近、最接地气的当属四川远达美乐女篮。

杭州亚运会女篮决赛，李梦、李缘、王思雨绝妙的战术配合奏效，终场时间只剩9秒的时候，王思雨投入致命一球，绝杀日本女篮。本次亚运会中国女篮的3位女将：李梦、韩旭、王思雨，均为中国女篮的绝对主力，也是四川远达美乐女篮的签约球员。夺冠消息一经传出，反应最为快捷的当属四川远达集团，当即官宣分别奖励这3名功勋队员中国元谋·远达温泉康养城精品住房一套。2024年2月23日，也是元宵节的前一天，很多地方都还洋溢着节日的气氛，康养城更是热闹非凡，隆重举行四川远达美乐女篮赠房仪式暨专场签售活动。李梦、韩旭、王思雨和她们的家人携手来到康养城挑选心仪好房、签订赠房协议。签约现场，业主们才一看到3名女将，立刻报以热烈的掌声，然后是欢呼声、孩子的尖叫声，如热浪在现场来回翻涌，经久不息。拿着纪念球、文化衫和照片的业主，更是满心欢喜，等着签名。一旦签好，喜笑颜开，仿佛得到宝贝一样兴奋。

说到楚雄州元谋县，官方民间的发声口径惊人地一致："东方人类故乡""冬早蔬菜之乡""绿色康养之乡""南繁育种天堂"是他们的四张名片。还会补充：喜爱旅游的还知道元谋有著名的"土林"，是中国乃至世界上一大奇妙的自然奇观。这些话一点也不夸张，而且元谋还有地域优势：地处金沙江流域昆明、楚雄、攀枝花三角地带中心，南方丝绸之路"灵关古道"重要通道，京昆、成昆线及长江经济带节点上的枢纽。

正是因为四张名片有着金子般的光芒和便利的交通，元谋获得四川远达集团的青睐，在这个"绿色康养之乡"打造中国元谋·远达温泉康养城项目，开启两省携手绿色康养之路。李梦、韩旭、王思雨获得的赠房奖励，是为康养城注入体育元素，更是为康养城的篮球馆预热。"金牌冠军"的入住，康养城的文化软实力顷刻提升，社区篮球在这里的发展将势不可挡。

杭州亚运会中国女篮的杨力维、杨舒予姐妹花是云南人，如今李梦、韩旭、王思雨在云南也有了温泉房，四川跟云南千丝万缕的联系中又增添了中国女篮队员的佳话。无形的影响力是这样的：看到篮球姐妹花，会想到云南，看到四川女篮，就会联想云南元谋，中国女篮姑娘们就这样承担起社区篮球"义务宣传大使"的职责，连接携手云南、四川的篮球联谊桥梁。

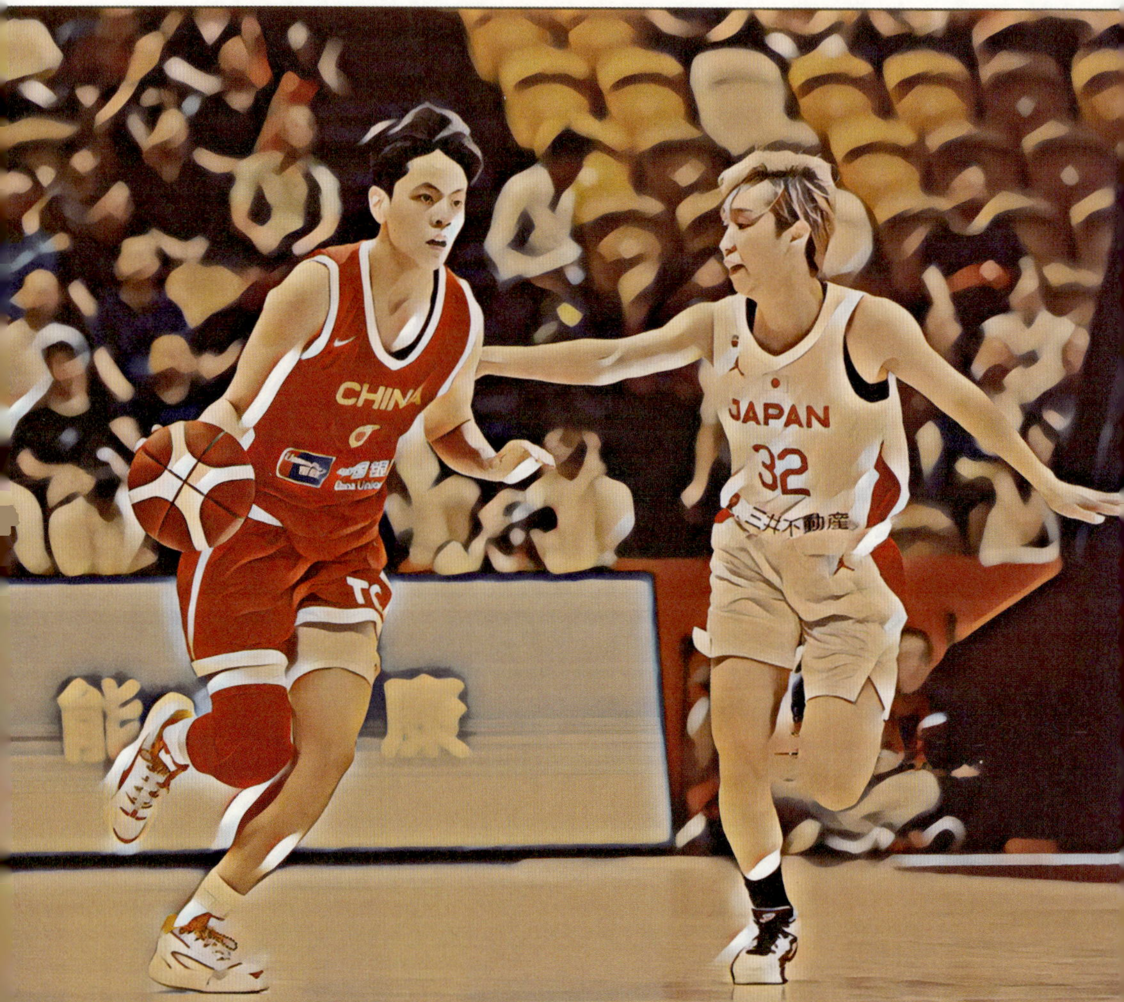
CHINA
JAPAN
32
三井不動産

第四章 · 鏖战东京

东京奥运会，最大的"敌人"是疫情。7月12日至8月22日，也就是整个奥运会期间，东京都处于防疫紧急状态，这是东京因疫情第四次进入紧急状态。此消息宣布后，日本政府、东京都政府、东京奥组委、国际奥委会、国际残奥会等五方就在东京召开了五方会谈，宣布东京内所有奥运场馆都空场举办。

除了东京都之外，北海道、福岛县的比赛场地也都将空场举办，允许观众现场观看的比赛只剩下自行车和足球。也就是说，当前日本超过97%的比赛都将空场举办，运动员得面对空空荡荡的比赛场馆，成为历史上现场最冷清的一届奥运会。

再冷清也得办，毕竟箭在弦上，而且事关国家脸面。

但是一石激起千层浪，网上的议论如潮水般扑打着组委会。观点集中在空场对运动员成绩的影响上，缺少观众的比赛是否算比赛？

议论归议论，日程已定、空场已定，各国运动员只能克服疫情下出行的不便做好参加比赛的准备。

需要克服疫情带来的不便除了参赛代表团，还有记者和工作人员，特别是记者，记录下的感受至今依然跃然纸上——

按照在场记者的描述，有采访资格的记者下飞机先隔离两天，要连续拿到两个核酸检测阴性，才能在奥运酒店再隔离一周，连续获得核酸检测阴性结果后可以正式外出工作。奥运村的工作人员活动范围受到严格限制，相互间接触极少。不能随便出门，包括球员基本上都是奥运村和球馆两点一线，以确保运动员和工作人员的安全。

采访采用线上与现场相结合的方式，为了更好地防疫，奥委会对现场记者的人数严格控制。常规情况，到场采访的媒体最多5个，平常也就是两三个，冷冷清清。

记者的采访也有严格的限制，不可以随便找球员聊天，除非有官方申请。不然，即便是很熟的球员，私下见到也仅限于打招呼。空场的影响一开始就显露出杀伤力。

当然，即便如此一些国家代表队还有亲友团伴随，聊以打发枯燥的疫情时光。

——记者的描述未免有夸张的成分，这些记者不知道的是中国代表团出征向来轻装上阵，不带亲友团，目的就是能够集中精力在比赛中。

对杨力维姐妹来说，迎来了姐妹花体育生涯的好消息。杨力维入选中国女篮五人篮球12人名单，杨舒予入选中国女篮三人篮球4人名单，代表中国队出战。缔造了同一个战役分别在两个战场战斗的"为国而战"佳话。

花开两朵，话分两头，先从杨力维说起。

2017年3月，新的奥运周期开始，许利民担任中国女篮主教练。跟很多电影、故事演绎的一样，身为上周期年轻队员的杨力维，职业生涯遭遇前所未有的考验。常常因为伤病原因，无法系统地完成许指导的训练安排，从而没能在平日训练以及国内邀请赛中有稳定的表现。况且每个教练都有自己的战术体系，许指导对细节要求非常高，是"眼睛里容不了沙"的状态，场上场下要求都非常严格。虽然杨力维是一名非常有特点的球员，但她的"不稳定"成为许指导考虑的重要因素，尤其是面临亚洲杯大考，不可以复盘，也不是初考，主教练当然要顾全大局。

所以，在2017年国际四国女篮对抗赛中，杨力维遭遇了篮球生涯的阴霾季节。

对抗赛的目的是为一个月后在印度举行的女篮亚洲杯，中国篮协邀请世界强队到中国比赛，为女篮热身，演练战术。比赛总共四站，前三站杨力维都以主力身份出场，到第四站的时候，意外地不在参赛队员名单中。当时杨力维正好轮休，还不知道这个决定，等正式宣布名单的时候才知道自己落选。杨力维如雷轰顶，完全蒙了。

坏事变好事，因为落选，杨力维虽然缺席印度的女篮亚洲杯，2018年得以抽空到美国特训兼康复。这是她第二次去美国特训，第一次是在2016年手术后。那时候她脚踝伤情严重，到了必须手术的地步。普通人在现场听直播解说或者从其他渠道听说运动员受伤，难免用个人经验衡量对比，殊不知这是两种性质的对比。运动员其实最怕受伤，局外者根本不知道为此他们要付出多少代价。一次联赛、一场比赛下来，像杨力维这样的脚伤，第一时间就是两只脚泡冰桶。一次可以忍受，天天如此，铁人也受不了。男性稍好一点，女性还影响生理期，影响内分泌。从运动的层面看，杨力维有一个优势：8%的体脂率，就是身上只有8个点的脂肪比例。成年人的体脂率正常范围分别是女性20%—25%，男性15%—18%。一般男运动员的体脂率为7%—15%，女运动员的体脂率为12%—25%。杨力维的体脂率已经是男运动员的下限，有效保证她在赛场上的爆发力、突破力。然而，成也萧何败也萧何，体脂率低对赛后的体力恢复极为不利。正常人一场比赛后，第二天就恢复了。杨力维因为体脂率低，身上没有脂肪供燃烧，消耗的能量都来自她的肌肉，恢复的时间较其他人就相对缓慢。在北京检查后，三大医院所有的诊断评估都是必须手术，否则运动生涯将宣告结束。紧接着就到中山二院接受手术，手术后，康复顺利。这个时候，老杨趁热打铁主动找到俱乐部商议，让杨力维到美国接受康复训练。

从职业的角度，俱乐部更关心杨力维的未来，当即答应让她去美国进行康复训练，借着不在国家队的机会，见缝插针，不让时间流逝在失落的情绪中。

第二次得以身在大洋彼岸，远离球场硝烟接受先进的康复及训练，落选国家队给了杨力维又一次"闭关"修炼的机会。已经是篮球职业运动员的她，唯有篮球不负此生。她的职业生涯不能没有篮球，更不能止步不前，她要更强、更好。

跟美国篮球界的再次交集，职业生涯迎来命运的另类眷顾，美国WNBA洛杉矶火花队向她抛来了橄榄枝。

原来杨力维到美国康复训练期间，被球探发现，随即洛杉矶火花队与杨力维团队初步接触后，俱乐部总经理、总教练在内的5人团队与杨力维团队进行磋商谈判，顺利拿到了正式合同。

这是杨力维梦寐以求的机会，也是中国女篮姑娘梦寐以求的机会，没有别的目的，就是想在世界顶级的女子职业联赛锻炼。之前，国内不少女子球员通过各种渠道，想加盟WNBA都以失败告终。如今得到这个机遇，而且是正式合同，有薪酬、食宿交通等所有保障，还是当年郑海霞加盟的球队，想不答应都难。

远隔重洋的杨力维和父亲简短商议后当即答应，不是为了薪酬，而是为了职业生涯的发展。不过，杨力维十分冷静，她是属于广东女篮的球员，这样的决定必须告知俱乐部。她相信，俱乐部会全力支持她的决定。不管从哪个角度看，都是球员与俱乐部双赢的结果。两次到美国康复、特训，俱乐部都慷慨解囊，如今得到火花队认同，为俱乐部、为广东、为国家赢得荣誉是情理之中的事。加之流程也简单，俱乐部开承诺书给中国篮协，中国篮协就会按照程序放人。

人生最可怕的事就是美好的愿望撞到南墙，还是硬邦邦没有人情、不讲道理的南墙。意料之外的是俱乐部得知消息后，竟然没有答应！

杨力维几乎崩溃——那么好的一个机会，我现在的条件和状态都很好，为什么不同意？我不是为了钱，WNBA是职业球员向往和追求梦想的最高殿堂，我要的是去更高水平的平台提升自己的技术为国家更好的效力！为什么不同意？

老杨找到俱乐部，前去商议。想不到董事长十分淡定，热情接待，耐心解释说，老杨，你女儿去美国打球没有任何阻力，对俱乐部、对广东都是光荣的事，但是中国女篮紧接着有重要赛事任务，力维身体还在恢复阶段，WNBA的对抗、高强度的比赛万一再次受伤，我怎么向国家队交代。我可是为她与篮协签订过保障合同的，我顾全大局，你也要顾全大局。力维那么优秀以后还有机会，国家利益高于一切！

俱乐部董事长透露的重要信息是，中国女篮一直关注着杨力维，这让老杨得到点安慰，也只能安慰杨力维，继续努力以后还有机会。

尽管一千个不情愿，杨力维只能静下心来，继续回到美国进

第四章 鏖战东京

行康复治疗、训练，毕竟她是职业球员，只能以大局、国家需要为重。

俱乐部董事长没有说假话，很快，中国女篮助理教练郑薇打来电话，问杨力维的康复情况怎么样。杨力维知道这个电话的重要性，既然不能在WNBA打球，早已归心似箭，马上回答我情况很好，随时准备着。郑薇也没有多讲，一句话：那你回来吧，国家队需要你。

一句"国家队需要你"，杨力维顿时血脉偾张，连夜买机票归队，参加2018年西班牙女篮世界杯比赛。国家队需要她，她当然义不容辞。

伤愈复出的杨力维，状态出奇地好，赶上了对日本队的1/8决赛。

这不是单一的1/8决赛，随着日本女篮的崛起，中国女篮自2013年女篮亚锦赛到这场比赛之前，遭遇了对日本女篮的六连败。2015年女篮亚洲杯的决赛中，日本队更是以85∶50的大比分战胜中国女篮夺冠，紧接着在2016年巴西里约奥运会中，中国女篮仅获第10名，创历史最差战绩。中国女篮的胸中激荡的斗志熊熊燃烧，战胜日本队，挺进八强，用胜利洗刷耻辱，是回荡在女篮脑海中的最强音。

这场比赛到了下半场后半段两队一度陷入胶着状态，来回拉锯不得分。杨力维突然发力独得8分打破僵局。三节结束中国女篮以67∶57领先日本女篮。最后中国女篮以87∶81战胜日本女篮杀进世界杯八强。

　　这场比赛，杨力维得到16分2助攻1抢断，转播员对这场比赛如此评价：最值得一提的是"奇兵"杨力维，下半场主要得分手邵婷和李月汝被严防死守，关键时刻杨力维杀出来，一个加速过掉对手上篮进球，三分球更是六投四中。有了她在外线的牵制，日本女篮没有想到，以快、灵、准著称的她们，竟然被同样快速、灵活，且三分球神准的杨力维强硬回击。

　　一个能改变战局的灵魂球员是所有教练可遇不可求的，"奇兵"杨力维荣耀归来，许利民对她的印象彻底改观，从此成为许利民手下的一把"尖刀"。

　　现在再说杨舒予。相对于杨力维，杨舒予则有些"任性"，符合她19岁加00后的特质。这个16岁就完成首次WCBA注册，17岁随广东女篮夺得2018—2019赛季WCBA总冠军的新生代球员，中国女篮关注的则是能力和潜力。杨舒予在国内联赛的表现已经展示出她的篮球天赋，跟姐姐一样，被中国女篮三人篮球教练组看中，发出招募令，期望她在东京奥运会为国争光。

　　三人篮球起源于20世纪初的美国街头篮球。当时的街头篮球内容丰富，不仅有街头篮球比赛，还有花式篮球表演等内容，形式多样既可以是人数均等的一对一、二对二、三对三对抗，也可以是人数不等的对抗。规则灵活，参与者因地制宜，甚至集体育、音乐、舞蹈、表演于一体。由于没有明确的比赛规则，只是以街头篮球游戏的形式存在。2010年，在新加坡举行的首届青年奥林匹克运动会上，三人篮球正式成为比赛项目。2011年，国际篮联确立三人篮球为正式比赛项目并颁布相关规则。2017年6月9日，国际奥林匹克委员会官方宣布，2020年东京奥运会举办首次奥运会三人篮球比赛。

  杨舒予的入选非常具有戏剧性，完全是青少年从懵懂到成熟的范本——东京奥运会有两个组选，五人集训名单里面就有她了，但是在此之前，她就被三对三组别选走了。因为中国篮球是三人组选和五人组选两个体系，实现奖牌机会是三对三组别会更大。中国女篮三对三组在东京奥运会之前就拿过世界冠军，所以三对三组在联盟里选拔人员就会得到优先考虑，除了国家女篮队已定的集训人员。当时三对三组首期集训的80人名单里杨舒予在列，集训第一阶段结束后就返回广东。刚刚才到家，看到发布的名单，舒予的名字出现在第二阶段集训名单。因为三人和五人来回转换，作为年轻球员的舒予，还没有能力在转换的过程中稳定自己，所以也非常迷茫。考虑未来还是更希望在五人中发展，想更专注地适应五人体系，因此看到名单后，舒予和主教练进行了沟通，感谢了教练以及领导对她的认可，同时也表达了想要留在五人的想法。

  因为这次的集训关乎于东京奥运会最终名单，广东省体育局得知舒予的想法，立刻赶来了解情况，作为家人，只要国家队需要，我们都会全力支持，也从来不会用我们的想法支配她。通过体育局以及监管中心领导的关心和交谈后，舒予最终如期的参加了集训。在这个过程中，姐姐杨力维也根据情况帮妹妹做了详细的评估，分析并对妹妹自参加三对三组集训所有表现、进步给予了肯定的同时也指出了一些问题，无形中增强了妹妹的自信心，最后统一了意见，不管结果怎样，坚持！一定努力全力冲刺，站好最后一岗。随着奥运倒计时中国篮协公布了参加奥运会五人篮球和三人篮球的入围名单：姐姐、妹妹双双在列，当时老杨心潮澎湃，第一时间联系上妹妹祝贺她入选，携手姐姐一起实现奥运参赛梦想，真的为你和姐姐骄傲……但是妹妹的第一回应是：爸爸不要这样激动，等我上了去东京的飞机再祝贺我。

好可爱的女儿。老杨不由失笑。

2021年7月19日，中国女篮到达东京，备战即将到来的比赛。日本疫情严重，女篮姑娘们，蓝色的医用口罩在内，透明的防护罩在外，鱼贯而出。队伍中，腿上有伤的主教练许利民坐在轮椅上，助手推着他，被记者拦住。尽管是坐着，也掩盖不住他的豪气："这个赛事让我必须赢球才能往前走，赢球还不能赢少了。"

7月27日晚，尖利的哨声响彻球馆，东京奥运会女篮比赛拉开大幕。小组赛首场比赛，中国女篮以95：55的大比分战胜波多黎各队，接着以76：74战胜劲旅澳大利亚队，然后以74：62击败比利时队，在1/4决赛中与塞尔维亚队相遇。

可惜是空场比赛，观众只能看转播，我记得当时也是用手机投放到电视上观看的这场球赛。3场胜利，一鼓作气战胜塞尔维亚队应当不是问题。只是我有些担心，中国女篮有慢热的习惯，万一空场比赛"慢"得更厉害，那可不妙。开场之后，不是慢热，是紧张，导致配合失误较多。好在凭着良好的防守，仅落后 2 分。屏幕上，中国女篮在场上的表现感觉略有些放不开，传球失误率高，投篮命中率也不高，整个队伍的水平似乎因为空场下降了一截。第三节开始后，中国队忽然开挂，发挥出色，单节胜出 11 分，以 9 分的优势进入第四节。可惜的是第四节塞尔维亚队加强防守压迫，中国队频频失误，被塞尔维亚队打了一个 11∶0，比分被反超。这个11∶0，打蒙了女篮姑娘，轮换新队员是致命的失误，集体哑火肯定是现场指挥出问题了，或者第三节拼得太猛，导致兴奋度下降。最终，乱了阵脚的中国女篮，以 70∶77败给塞尔维亚队。

电视屏幕前，我拍桌子打板凳，将失利怪罪到空场比赛上："该死的空场比赛。"如果不是空场比赛，中国球迷完全可能将这场比赛转化为中国女篮姑娘的主场。有中国球迷为女篮姑娘呐喊助威，相信比赛不是这个结果。

冷静下来分析之后发现，其实输得不冤。整场比赛中国女篮失误有22次之多，塞尔维亚队的失误只有11次，是中国队的一半。女篮姑娘只有邵婷、孙梦然和黄思静3位老球员参加过里约奥运会，其余9名球员都是第一次参加奥运会的年轻球员，塞尔维亚球员则有8名队员具有丰富的大赛经验，球队排名也高过中国队。为此，失败虽然惋惜，但可以接受。而且，中国女篮也完成保八争四的预定目标，排名第五。

第一次征战奥运会的杨力维，显然对自己的表现不满意，但是心态坦然，不纠结于一场比赛的胜负。2021年8月6日，她在其微博上写下这样的感受：大家所有的祝福和留言我都看到了，你们真的很暖！对于我来说，好的坏的都是经历。这只是职业生涯的一段旅程。我会依旧心怀梦想，继续前行，无所畏惧，"维"来可期！真的谢谢你们。第一次站在奥运会赛场，收获了无比宝贵的经历，会有遗憾和不甘，但更多是学习与收获。感谢国家、感谢中国篮协、感谢中国女篮团队每一位的辛苦付出。中国女篮会越来越好！中国女篮加油！中国加油！

比赛结束，需要进行7天的自我隔离。2021年8月13日，隔离中的杨力维跟队友李梦、李月汝、李缘，分别同时在隔离房间跟FIBA（国际篮联）的记者连麦，畅谈东京奥运会背后的故事。当主持人问到未来中国女篮要战胜欧洲强队，需要做些什么的时候，杨力维的回答十分干脆："需要做的就是战胜自己。"主持人随即问提高的方面？杨力维的回答依然干脆："发挥我们自己的特点和优势。"

跟姐姐遭遇的情况不一样，杨舒予一亮相就"火"了。对杨舒予来说，不是她不愿意低调，而是球技加颜值不允许她低调。

一米八二的身高，大长腿，酷短发，大眼睛，一出场就被誉为"运动员颜值顶配"的篮球队小姐姐，加上实力不俗，球打得好。观众，尤其是年轻的球迷们，哪里受得了这份"套餐"，全都"醉"了。

颜值归颜值，杨舒予的注意力并没有因为人气爆棚而分散。东京奥运会前的7月14日，妹妹在个人微博上写下了这句话：顶峰相见，不忘初心。她知道这句话的分量，也知道"相见"是希望以成功和强者的方式相见。相见时是奖牌的相拥，不是遗憾的眼神和失败的黯然。所以，她到达东京之后，甚至关闭了微博，不让喧嚣扰乱心智。

不过在队里，这个活力四射的青春少女是一杯人人喜爱的欢乐奶茶，搞笑的事件、善意的取诨名、故意的自嘲，让紧张的征战气氛缓和许多。毕竟在2019年国际篮联三人篮球世界杯女子组决赛中，中国女篮队获得中国篮球历史第一块金牌。有了这个成绩，底气就不一样，奥运历史三人篮球的首枚奖牌，是公开的"野心"，也是可以触摸的目标。带着对奖牌的期望，肩负的压力自然比别的队伍重。杨舒予的开朗，无形中为队友减压，也算是另一种贡献。

2021年7月24日，三人篮球拉开战幕。俊朗的杨舒予引发球迷的关注，所以球迷们更在乎她在场上的表现。杨舒予也是不负众望，作为外线主攻手，前5场比赛，她出手20次两分球，命中9

次，达到了45%的命中率。三人篮球的两分球，相当于五人篮球的三分球。这样的命中率，按照考试成绩，分数为优，尤其是对意大利队那场的外线5投3中，对法国队的外线2投2中，以20∶13的比分战胜头号种子法国队，取得两连胜，中国女队渴望夺冠的信心倍增。

可惜天不遂人愿，半决赛中国队与俄罗斯队再次相遇。单循环已经输过对手，半决赛还是力不从心。这场比赛，杨舒予是中国三人女篮外线的进攻核心。一开场，中国队就处于劣势，但是杨舒予坚定持球强攻篮下挑篮得分。6分35秒的时候，杨舒予从外线吊球到篮下，助攻在内线的张芷婷。张芷婷转身打进并加罚，中国队连得2分，将比分追到6∶7仅落后1分。紧接着杨舒予一鼓作气在左路突然一个加速，突破上篮将球打进，扳平场上的比分。只不过俄罗斯队的实力明显强于中国队，最终俄罗斯队以21∶14赢得了比赛。

铜牌争夺战，中国队再次与种子法国队相遇。有之前大比分战胜法国队的心理优势，中国女篮的姑娘们斗志旺盛，不惧对手的人高马大，放手一搏。两队都想抢这块奖牌，结果比赛一开始，场面一度十分混乱，几个回合的拉锯战下来，双方都没有得分。关键时刻，王丽丽打破僵局，率先得分并加罚命中，打出5∶1开局的领先优势。后期比分落后的法国队改变战术，主攻外线，连续得分，将分差拉回到2分。利用法国队失误，中国队又将比分拉回到4分，以11∶7领先。法国队顽强追赶，再次将比分差距缩小到2分。紧张的比赛即将结束，杨舒予大胆远投，命中2分，稳住了军心。想不到法国队随即还以颜色，也命中2分。最后2.2秒，法国队获得发球权，还有扳平的机会，可惜进攻出现失误，中国队夺得铜牌。

赛后有记者这样形容本场比赛：杨舒予关键3分，王丽丽9分杀死比赛。

三人篮球首次亮相奥运会舞台，中国女篮就创造了夺牌历史，这是中国三人篮球首枚奥运奖牌，也是杨舒予在奥运会上的首枚奖牌，这个成绩，超过了姐姐，她用实力在篮球职业生涯中创造了新的历史。

这也是中国篮球运动员第三次获得奥运会奖牌，距离上一次中国女篮获得1992年巴塞罗那奥运会亚军，已经有28年之久。

首次以中国女篮队员身份出战奥运会，杨舒予是第一次，姐姐杨力维也是第一次。姐妹花完成了奥运会赛场携手出征的愿望，遗憾的是没有能在五人篮球中携手征战。不过，也是足够幸运的了。尽管这份幸运是建立在实力的基础上，却是难得的奥运风景线。

运动员都是在征战中快速成长起来的，杨舒予也不例外，经历了奥运赛场的洗礼，她仿佛一夜之间就成熟了。于是她写下了这条微博：很荣幸能够入选女子三人篮球国家队，站在奥运会的赛场，一直都是儿时的梦想。虽然我们4个人的配合时间并不长，但我一步一个脚印，带着前队友们的期望，拼下了一枚宝贵的铜牌。我要感谢祖国，感谢篮协和教练组工作人员，以及所有支持我的人，下一次，我会做得更好！

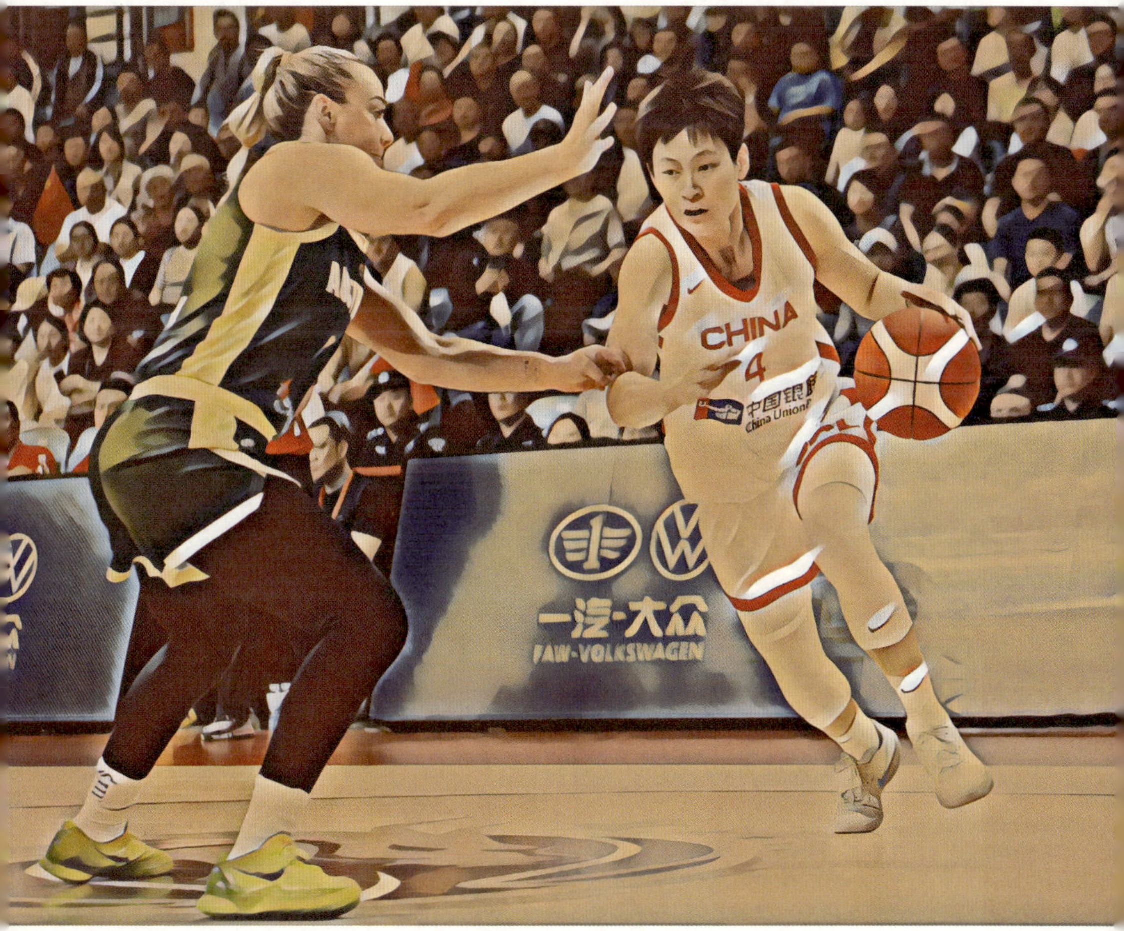
CHINA
4
中国银
China Union
一汽-大众
FAW-VOLKSWAGEN

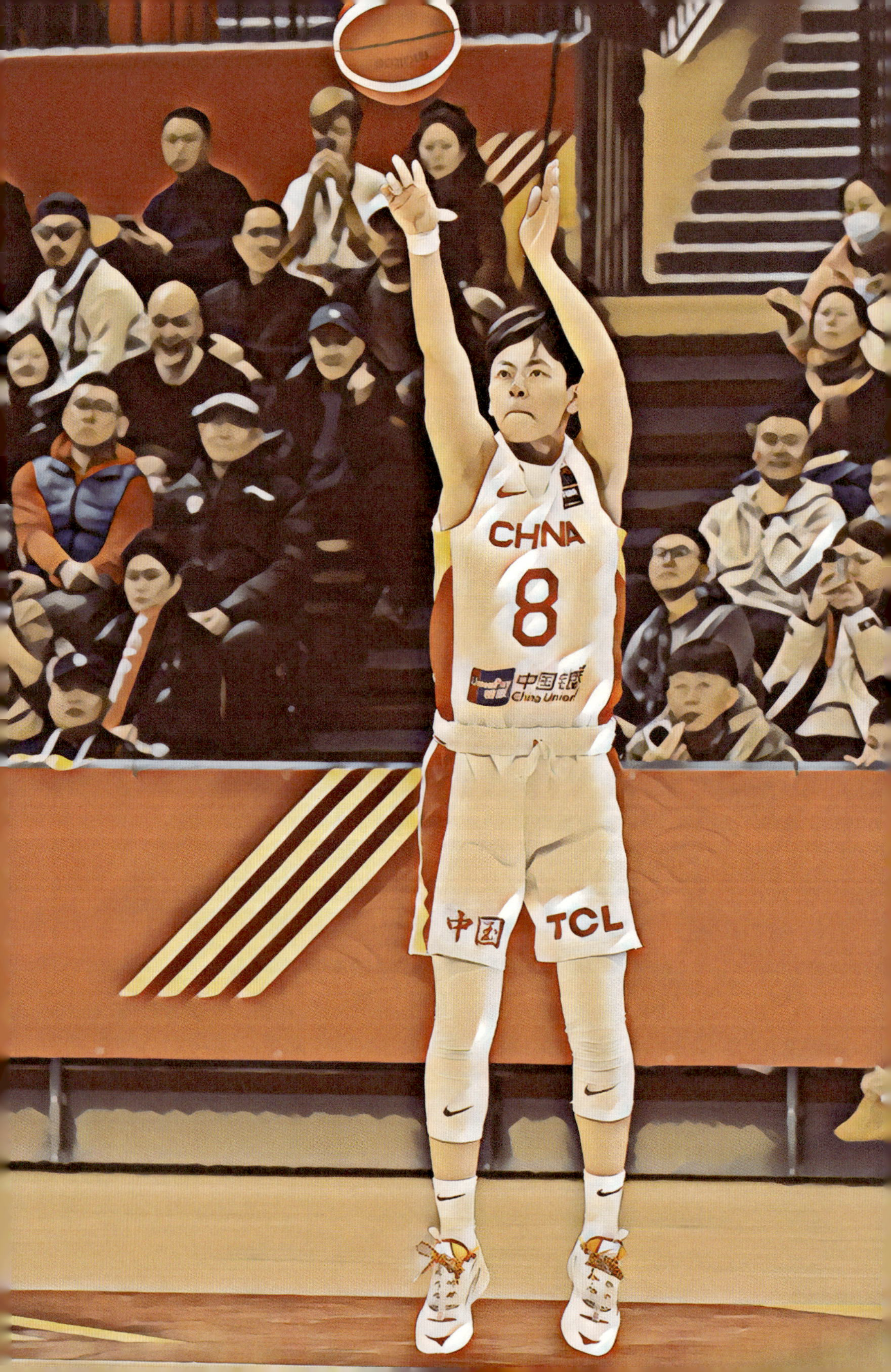
8
中国
TCL

第五章·悉尼悉尼

说到悉尼与中国历史上的交集，需要回到200多年前的1818年，22岁的中国人"小木匠"麦世英，闻着茶叶的芬芳，嗅着马尿牛粪的气味，搭乘商船到达悉尼。凭借一手漂亮的木工活，在悉尼站稳脚跟，并且成家立业。

麦世英开启了华人在悉尼定居的先河，此后的200年时间里，跟进的华人持续不断。如今的华人在悉尼已具有一定的影响力，两国的接触也因此不乏亮点，最耀眼、最激情四溢的"碰撞"当属体育这一世界性的项目。

在体育上的"碰撞"第一回合是争夺2000年奥运会举办权。

1993年申奥的国家是史上申奥国家最多的一次，竞争相较于其他年份可以说是空前的激烈，在国外的专家看来，当时的中国并没有太大的竞争力。

然而，在真正的投票过程中，中国却凭借着自身强劲的实力和前期充分的准备工作，在各个申奥国家中脱颖而出，被确定为举办奥运会的候选城市。在投票的第三轮过程中，北京以三票领先悉尼胜出，所以在第四轮投票开始时，所有人都认为中国会胜出。可惜，第四轮投票北京以两票之差失去机会。尽管真相令人心寒，北京遭受了实实在在的不公待遇，结果却是不可更改的，北京跟悉尼在这一全球最大的体育盛事决斗中惜败成为现实。

不过沉浸在胜利中的悉尼没有想到，第二次体育上的"碰撞"会来得这么快、这么强硬、这么惊心动魄，以至于先是不敢相信，然后无法接受，最后黯然神伤。

"碰撞"来自1994年6月2日，女篮世锦赛（现在的女篮世界杯）在澳大利亚正式拉开大幕，参赛的共有16支球队，分别是巴西、中国、美国、澳大利亚、斯洛伐克、古巴、加拿大、西班牙、法国、韩国、意大利、日本、波兰、中国台北、新西兰、肯尼亚。1990年女篮世锦赛中国队仅拿到第九名，所以除了中国球迷，很少有人看好中国队。至于澳大利亚女篮，自然将中国队视为鱼腩，认为不用到半决赛阶段，中国队出局已是定局。鹿死谁手，哨声一响见真章。上半场，中国队遭遇澳大利亚队的摩擦和碾压，比分一度落后15分之多，以8分的差距进入下半场。这对中国女篮来说，心理上和技术上都受到全面的考验。因为中国女篮善于打顺风球，而且是一支新老结合的队伍，如何在逆风球的被动局面下翻盘，考验的是中国队的毅力和实力。比赛离结束还有9分14秒钟的时候，中国女篮奋力追赶之下，终于只落后1分。

双方争球，中国队投篮命中以52：51领先1分。终场前最后5秒，利用澳大利亚队犯规，中国女篮发球命中，以66：65的成绩战胜了澳大利亚队。中国女篮在上半场落后8分的情况下，反败为胜，击败对手进入决赛。

第三次大碰撞是2022年9月30日，中国女篮时隔28年后再进世界杯半决赛。

28年之后，当年曾经对阵澳大利亚女篮的战将郑薇已是中国女篮主教练，手下人才济济，韩旭和李月汝领衔世界级内线；杨力维扛起组织进攻、防守大旗；黄思静、王思雨等队员迅速成长，都是在球队最需要的时候能站出来改变局面的将才。

但是这场比赛中国女篮阵容不全，李梦因为高烧无法上场，阵地进攻实力减弱，郑薇主教练在打法上做出相应调整。中国女篮需要做的就是去加强冲击力，加强突破。因为中国队有两个超级后卫，就是队长杨力维和王思雨。

令占据主场优势的澳大利亚女篮始料不及的是，当她们进入球场热身时，看到的是被中国"占领"了球馆的愕然景象：中国球迷遍布球场、中国国旗密密麻麻，中国啦啦队的唢呐声冲击着耳膜。

这分明就是中国女篮的主场。

直到现在，中国女篮关于悉尼世界杯的报道，网上存留最多的还是有关观众的话题，集中在观众把球场变成中国队主场，观众的热情，只差没有掀翻体育馆的屋顶的激情回忆中。

事实也的确如此。这届世界杯，冠亚军决赛中国队虽然最后输给美国队，但是创造了28年来在世界杯上的最好成绩，特别是半决赛，牵动着所有中国人的心，尤其是在身在悉尼球场内华人球迷的心。虽然是客场，但是身在悉尼的华人球迷实在了不起，硬是合力把悉尼奥林匹克公园超级圆顶体育馆变成中国队的主场。这个体育馆可以容纳18000名左右的观众，因为澳大利亚当地民众对橄榄球的热度高于一切，相比之下对篮球的热度并不算高，就更加方便华人球迷把体育馆的门票"包场"。其实这一届女篮世界杯，凡有中国队参与的比赛，现场几乎都是一片红色的海洋，除了每当赢球时现场爆发的各种呼喊声外，开场时唱国歌的环节也是全场万人大合唱，让中国女篮姑娘无比激动和感动。相信这种感动也给中国队带来了无限能量。半决赛战胜澳大利亚队之后，中国队跟美国队决赛，这一天是10月1日，恰好也是我们的国庆节，来到现场的华人更加开心和兴奋。不仅现场有上万名华人观众，还出现了特殊的中国元素。中场休息时间，本来以为会有啦啦队表演，没想到体育馆内传来一阵鼓声，十几个大大小小的"狮子"从球员通道里跑出来，全场都沸腾了，尤其是几只小"狮子"成为全场焦点，最小的只有4岁，表演中一度还摇摇晃晃，差点站不稳，给全场增添了一份喜气。

华人球迷的热情是女篮姑娘的助战剂，就在女篮比赛的同一时期，荷兰的阿纳姆球场，世界排球世锦赛的比赛中，中国对战巴西，全场唱起了《最炫民族风》，网友开玩笑，这是把荷兰变成了河南。

现场观众不知道的是在对阵美国队的决赛中，杨力维赛前拉肚子拉到脱水的地步，但依然坚持上场比赛。出战26分钟，体现了女篮无畏金兰的精神，作为队长全身心地投入，有效防守、组织进攻，拼尽全力。

留在国内的杨舒予也没有置身事外，没能进入12人名单，她依然是替补、是预备队队员，是悉尼女篮世界杯国家队成员之一，用训练提升自己，等待着国家队的召唤。

其实在之前10天的比赛中，这里已经是中国女篮的"主场"。中国留学生、海外华侨每场比赛必到，为中国姑娘助阵，摇旗呐喊的欢呼声震耳欲聋，几乎掀翻了屋顶。

巧的是一个旅居澳大利亚的文友也去观看了比赛。发来几分钟比赛视频之外，还配了一段话：中国女篮给了我们这些旅居国外的中国人一个机会——可以以胜利方的姿态大声喊叫！喊叫！直到嗓子嘶哑……就像我，尽管嗓子嘶哑了，还是要喊叫，疯狂地喊叫！你们明白我的意思吗？明白吗？

当然明白，游走在世界丛林的中国人，永远不会迷失来路。

此战中国女篮想延续28年前的辉煌，在悉尼战胜澳大利亚女篮。澳大利亚女篮则凭借东道主的优势，闯进决赛，用胜利洗刷28年前那场比赛的阴霾。

所以，这注定是一场巅峰之战。

这一场狭路相逢的半决赛，面对世界排名第三的澳大利亚队，如果不是队长杨力维的组织串联，中国女篮的世界杯之旅恐怕已经结束。最后一分钟，球队仍然落后2分，并且澳大利亚还手握一次进攻球权。只有防下来，中国队还有一线生机去追平比分，防不下来，中国队就将被挡在决赛的大门之外。在那一刻，胜利离中国队其实还很遥远。倒计时还剩55秒，杨力维送出致命抢断，并利用速度突破篮下，随后插上的黄思静接球打板命中，比分来到了59∶59平。——这也许会成为中国女篮历史上最好的抢断之一，从抢断到完成反击仅用时9秒。接下来的时间，在中国队压迫式的防守下，澳大利亚队最终投出"三不沾"，剩下的22.3秒如果进球，女篮姑娘们将时隔28年再次站在世界杯决赛的舞台上。关键时刻又是杨力维突破分球，澳大利亚32号球员下手犯规，站上罚球线的王思雨两罚稳稳命中。

　　当郑薇教练被高高抛起，我能真实地感受到，中国女篮这一胜利是多么来之不易，连续多年被澳大利亚队压制，这还是在澳大利亚队的主场悉尼。当所有的困难成为阻碍前行的大山，中国女篮却翻山越岭看到了曙光。而后中国女篮与世界第一的美国队争夺世界杯金牌，这是一场没有包袱的比赛，无论输赢，都是中国女篮新征程的开始！

　　记者采访时问到杨力维是否记得当时的想法，她淡然地说："我是队长，需要我站出来的时候，我一定要站出来。这是日常训练培养出来的，比赛的时候哪有时间去想？该出手时必出手，稍稍犹豫，就失去机会。"

中国女篮的团队精神和远见卓识、爱屋及乌，传递到了集训队球员那里，中国篮协认为，中国女篮获得亚军的背后，是国家集训队每个人的全力付出。赛后第一时间，中国篮协和国家女篮向参加本次世界杯集训但未能来到悉尼的所有国家女篮队员表示感谢，并带着写有她们名字的国家队T恤和全队一起合影。她们的名字是：杨衡瑜、杨舒予、贾赛琪、唐子婷、王佳琦、李一凡、刘帅、高颂、罗欣棫、王丽丽。

　　杨舒予毫不掩饰对这张照片的喜爱，兴致勃勃在微博晒出这张照片，作为她集训后没有参加但是一直心系比赛的纪念和期待未来梦想成真的动力。

　　老杨第一时间看到了这张照片，开心地保存在手机中。在他看来，这是姐妹花另一种意义上的"顶峰相见"。

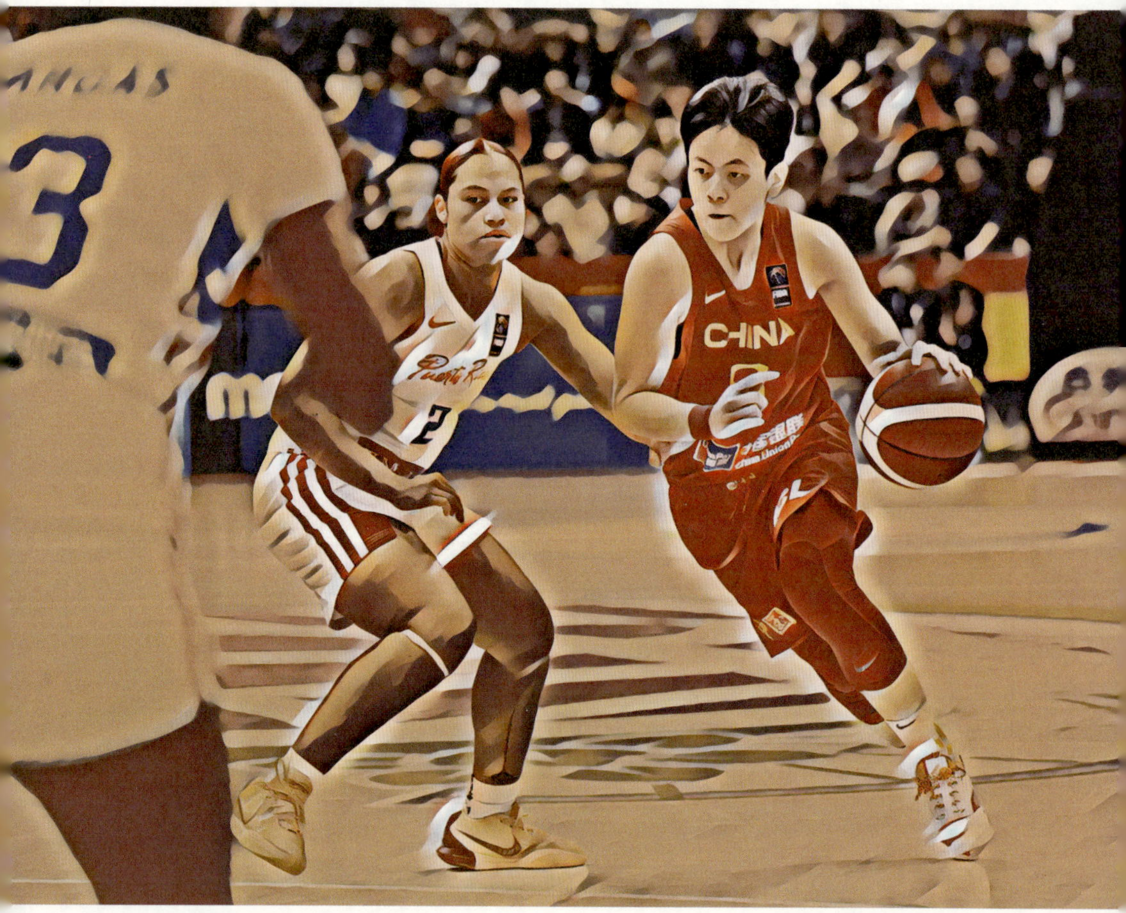
CHINA

第六章 · *锡都旧事*

话题从悉尼到锡都个旧,跨度太大,似乎风马牛不相及。其实不然,两者的联系跟人、跟篮球关联后,便是同属篮球这个球场的平行空间。

追溯历史,杨力维、杨舒予堪称云南体育界的"体三代"。姐妹俩是云南昆明人,但是她们的爷爷和奶奶,是新中国云南省第一代手球男女队队员,是从个旧走出来的。姐妹花的爷爷毕业于个旧一中,是20世纪50年代云南省体训队手球队的运动员,参加过第一届全国运动会。奶奶也是云南省手球集训队的运动员,取得过第一届全国运动会第四名的好成绩。

有了这段历史渊源,话题从悉尼来到个旧,不过是从一个篮球空间穿越到另一个篮球空间。

这只是之一,前面说到的"工农篮球",自新中国成立后,在全国工矿企业得到蓬勃发展。云南省个旧市因工矿云集,体育活动较其他工矿单位更为积极、活跃，一度成为云南"工农篮球"的领头羊和佼佼者，培养、保送了一批批体育人才，尤其是篮球，首批进入"名人堂"的前中国女篮主教练杨伯镛就是个旧人。

所以，锡都个旧，关于体育、关于篮球的往事跟中国体育、云南体育有着看不见的千丝万缕的联系……

个旧市是红河哈尼族彝族自治州的一个县级市，以产锡为主并产铅、锌、铜等多种有色金属的冶金工业城市，是中外闻名的锡都。新中国成立后的1951年，个旧撤县设省辖市，并列为"一五"时期全国156项重点工程建设地区之一，从东北、华北、华东、西南等地抽调大批管理干部和技术人员以及财力、物力支援个旧，云南省以8个专州的矿用物资和生活用品供应个旧，使个旧的经济规模和城市建设迅速扩大，成为云南省第二大工矿企业特色浓郁的工业城市。在20世纪80—90年代，个旧的生产总值（GDP）一度占据云南的C位，鼎盛时期甚至贡献了全省70%的生产总值。

大批来自全国各地的技术人才、工人蜂拥至个旧，业余时间的选择让篮球这项运动成为厂矿最热衷的活动项目，受欢迎程度没有之一。当时的厂矿，生活区的标配有两个：一是大礼堂，二就是篮球场。所谓大礼堂，集大会、电影院、舞台功能为一体。也不是所有的厂矿都有这样的大礼堂，条件差的厂矿，只有食堂和篮球场。食堂兼具吃饭和开大会的功能，至于看电影，就在篮球场露天观看。篮球场也是相同的状况，条件好的有灯光球场，条件一般的平一块场地，支上笨拙的篮球架即可。那个时候，一个星期或者半个月才能看一场电影，平常晚饭之后，篮球场成为运动、集会的场所，让贫乏的业余生活变得有滋有味。一年一度的职工运动会，篮球场更是围满观众，看球员在场上你来我往，沉迷其中。

这就是"工农篮球"的普遍场景，个旧更为普遍、普及。虽然是以丰富职工业余文化生活为目的的活动，但是这样的活动是国家体育运动的基础，大批文艺体育人才常常在不经意间从工矿中脱颖而出，按照今天的说法是不可避免的草根逆袭。不过"草根"一词用在昔日的工矿企业并不恰当，那个时候的工人身份，往大了说是国家的栋梁，往小处讲也是一颗有作用的"螺丝钉"。脱颖而出使小树成长为大树。既然成为大树，无私的企业就会主动将其送往更加广阔的空间，使其继续成长。

个旧的条件更好一些，解放以前的中学篮球场已经普及，个旧的孩子们上学时就接触篮球，所以篮球的底蕴更加地深厚。对这一底蕴的丰厚回报便是从个旧走出的体育前辈，论篮球首推杨伯镛。

杨伯镛祖籍云南建水，出生在个旧市，在个旧度过了美好的童年，是中国第一批篮球运动健将，国家级教练员，中国篮协主要领导之一，CBA联赛奠基人之一。1952年，17岁的杨伯镛进入云南省体训班篮球队，随即到贵州参加西南地区的篮球比赛。

到了1953年，因优秀的篮球技能，正式进入云南省队。1954年，被当时的西南区队（四川、云南、贵州）留住就不放。不过西南队还是"池子"太小，留不住这个才华横溢的篮球天才，一年后杨伯镛步入国家队，参加在华沙举办的第五届世界青年与学生和平友谊联欢节。1957年，国家体委公布的第一批28名篮球运动健将名单中，杨伯镛赫然在列。在那段体育跟政治紧密结合的年代里，杨伯镛所在的国家篮球队肩负起外交使命，因此获得过第一届社会主义国家友谊篮球赛冠军、1963年新兴力量运动会篮球冠军。1980年转为教练身份后，厚积的篮球经验大放异彩，荣获1982年亚运会女篮金牌（教练），1983年女篮世锦赛铜牌（教练），1984年洛杉矶奥运会女篮铜牌（教练）。凭借这些成绩，杨伯镛荣获新中国篮球运动杰出贡献奖。发掘和培养了丛学娣、郑海霞这些当时世界级的后卫和中锋。到了2022年，首届中国篮球名人堂25人名单出炉，杨伯镛位列其中。

　　1959年国庆节，杨伯镛受邀参加国庆十周年庆典。在人民大会堂，跟鞍钢的老劳模孟泰，大名鼎鼎的王崇伦，著名科学家钱学森，作家刘白羽，体育界的马约翰、容国团、陈镜开、郑凤荣等等全国知名人物共聚一堂，稳坐象征荣誉巅峰的殿堂。

　　杨伯镛这条跃进篮球"龙门"的"锦鲤"，不负家乡父老的众望，走出云南、走进国家队，以篮球队员只有一米八的"矮个子"优势，硬是练成一把锐利的"刺刀"，为中国篮球左冲右杀。成为当之无愧的功勋球员后，转而接过执教中国女篮的教鞭，在1980年开启新的篮球生涯。

没有迹象显示杨伯镛从球员到教练的身份转变存在适应的困难，或者说他早就胸有成竹。接手中国女篮，杨伯镛就将强悍的理念带入球队，首先就是"三板斧"：女子篮球男子化，抓防守，强体能。

当时的情况不单是女子篮球男子化，女排已经走在前面，而且取得明显的成效。一时间，球场上女篮队员跟男陪练运动员对练、对抗的场面成为常态。"男女搭配，干活不累"在这里成为反义词，高强度的对抗，女篮姑娘们经常在极限中几近虚脱。

事实证明，杨伯镛训练女篮的路子是正确的，面貌和水平焕然一新的中国女篮，在1982年的亚运会上夺得金牌，完成了中国女篮的"鲤鱼跃龙门"。

杨伯镛因其祖籍是建水县，所以说到建水体育，必然要提杨伯镛。个旧更是不用说，"杨伯镛是个旧一中走出去的名人"，个旧人说这话的时候，声音都要高八度。昆明也一样，这是云南培养的人才，是被国家队"抢走"的。

工矿企业文化的体育代表首推篮球，其次是排球。论喜爱程度，足球当然排第一，但是受足球场建设不足的限制，只能排在后一位。三大球其实不分高下，喜欢足球的，很可能也是篮球队员，喜欢篮球的，经常在排球比赛中亮相。说到排球，个旧也有话说，当年中国女排的二传手何琦无疑是从锡都走出去的最耀眼的排球明星。

何琦的小学时代在个旧市云锡第三子弟小学度过，也是荣誉满身的体育界传奇人物。1984年被选入云南省体委少年体校女排队，1990年进入云南省女排，是中国女排"白银一代"的代表人物之一。参加过1996年亚特兰大、2000年悉尼两届奥运会。作为中国女排的主力二传，帮助球队夺得过1995年女排世界杯季军、1996年亚特兰大奥运会亚军、1998年女排世锦赛亚军。是当时国家队唯一一位不是来自女排联赛甲级队的球员。名不见经传的她，郎平顶住压力破格重用，看中的是她技术扎实、稳定，"传球犹如教科书"。从国家队退役后，远赴意大利在欧洲顶级联赛打球5年，到今天来看也算得上是中国排球界最成功的留洋球员。回国后担任云南女排主教练，从国家队球员到外援到教练，身份改变、角色改变，骨子里不服输的韧劲儿和对女排精神的执着依然如初。

然而，个旧的神奇之处在于不仅出产篮球名宿、排球国手，还出产其他高水平的运动员，如杨力维、杨舒予的爷爷奶奶，如她们的父亲老杨。

杨力维的爷爷是个旧人，跟大多数云南人一样，父辈辗转迁徙后定居于此，巧的是都毕业于个旧一中，跟杨伯镛是校友。20世纪50年代，他被选入云南省体工大队，成为一名手球运动员。更巧的是祖籍开远市的奶奶也被选入云南省体训大队，也是一名手球运动员。个旧的体育历史名录上就此多了2名省级运动员。

那个时候，云南省手球队的成绩相当不错，杨力维的奶奶所在的云南队参加第一届全国运动会，就拿到第四的名次，杨力维奶奶也因此被选入国家手球集训队，前途无量。可惜到了困难时期，手球是边缘项目，国家队解散。

回到云南，杨力维奶奶已经名气在外，很多单位都抢着要她，包括最难进的昆明部队。只不过杨力维爷爷选择的退役安置单位是昆明机床厂，夫唱妇随，奶奶也选择了机床厂。如愿进入机床厂，杨力维的爷爷在工会任职，厂里的体育活动由他一手策划组织。奶奶则在子弟学校担任体育老师。新一轮的循环，夫妻二人再次跟体育搭接，或者说从职业体育转为群众体育和中学体育教学。正是这一循环，让个旧人的后代诞生了一个足球健将，夫妻二人的儿子老杨。

父母擅长手球，那时还是孩子的老杨喜爱的却是足球。因为父母的职业便利，老杨从小就受体育运动、体育项目的熏陶，然后喜爱上了足球，12岁加入校足球队。当时的昆明机床厂是云南标杆式工厂集团，属于大家挤破脑壳也要进的单位，才有这份实力组建校足球队。

幸运加上天赋，老杨12岁就参加了广州举行的全国16个足球重点城市中学生足球比赛，昆明机床厂子弟中学足球队代表昆明市参加比赛。比赛归来，见了世面的老杨就对自己的未来有了规划，或者说梦想——当足球运动员。到了初三，他选择进了省少体校足球队，坚决要将足球踢到底。不是每一个进了少体校足球队的都有深造的可能性，还需要天赋和努力。所幸老杨二者都具备，从此开启了他的足球人生。16岁直接入选云南队，且是当时少体校唯一入选云南队的人。

进入省队的老杨十分自律，每天6点自己去训练，练到天黑到澡堂用胶皮水管冲洗全身后休息。日复一日，苦中有乐。1984年，老杨幸运入选国家青年队。1985年出征莫斯科世青赛，球队获得第七名的成绩，这是迄今为止国家青年队的最好成绩。国际大赛的磨炼后，回到云南的老杨成为云南队的绝对主力。也是公认的云南省足球队名宿。

其实云南的篮球发展历史，并非从1937年开始，而是跟当年的滇越铁路的开通几乎同步。1911年3月，中国同盟会人士在个旧创建了第一个体育组织：个旧体育会。篮球、排球、足球、网球、乒乓球、田径、体操等体育项目陆续传入。几乎不需要过渡，个旧就跨入现代体育运动时代。1933年，个旧开辟了一块足球场和网球场，河口也建了网球场。之后，个旧锡务公司、个碧石铁路公司各自在办公大院内修建网球场。后来，个旧又修建了篮球场。相对于战火纷飞的内地，个旧这个滇南胜地，体育的生长见缝插针，过程顺利不说，还自成一体，以"自嗨"为主。"自嗨"的伙伴是蒙自体育会的球队。

1912年，法国人在蒙自老军火局修建了一块足球场和两块篮球场，在外国人篮球运动风气的影响下，县城10余名商人组建了一支业余足球、篮球混合球队，邀请外国人参与训练和比赛。除了混合球队，蒙自还有3支乡镇足球队。4支球队之间经常互相比赛，互相学习，球艺不断提高。1939年，混合球队改建为体育会，又称蒙体队，继续以足球、篮球运动为主。1935年前后，碧色寨十来个商人组建了一支足球队，经商之余踢球取乐，经常与县城、新安所、沙甸、开远大庄足球队比赛。1936年，个碧石铁路公司在石屏举行通车典礼，蒙自混合球队前往庆祝并与个旧锡山队和建水队比赛，蒙自队获胜。1937年，混合球队发展到80余人。1939年，蒙自商人梁绍鸿、汤伯强等人成立蒙自体育会（蒙体会），会员126人，大多数是原来混合球队队员。体育会以篮球运动为主，在县城都大阁建球场作为活动基地。1940年前后，蒙自驻军各部队都有了自己的篮球队。地方除了前面提及的蒙体队外，还有大屯小学教师的电友队、火车站球队、省立蒙自中学球队，最强的是蒙体队。

个旧篮球的发展历史，往大了说是滇南或者云南篮球的发展历史，因为滇越铁路的开通，篮球运动的进入几乎跟中原同步，很快就深入人心，受到接纳和欢迎。杨伯镛、老杨父母、何琦、老杨、杨力维姐妹，让五星红旗在国际赛场迎风飘扬，让中国、云南容光焕发，冥冥之中，说是对个旧体育的无意识回报，似乎完全说得过去。

篮球就是需要这样自发生长和政策呵护的宽松环境，锡都个旧，就是这样的一个城市。体育精神、篮球文化在这里相得益彰。

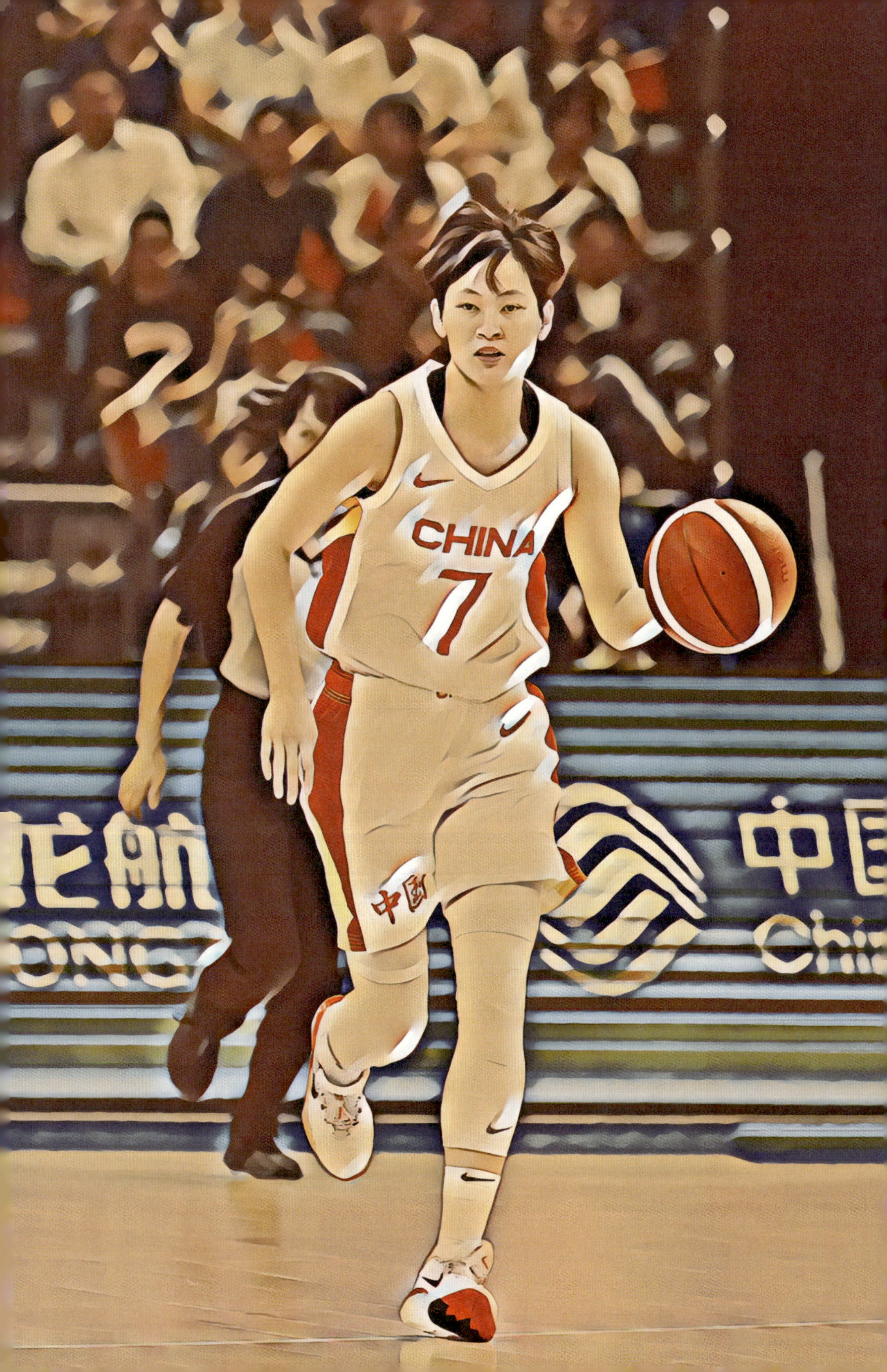
CHINA
7
中国

第七章·山海之间

广东与云南，一省临海，一省高原，远隔千山万水，路途遥远难行，特别是解放前，更是吉凶难测。幸而有条滇越铁路，解决了道路的困难，那时从云南到广东，出国反而更方便。走滇越铁路到越南海防，从水路到香港，再到广州，省去无数艰难。抗战爆发，西南联大的一部分师生就是经广州、香港乘船到越南海防，再从滇越铁路进入。闻一多、朱自清等著名教授均从这条线路到达昆明。

地理上，广东跟云南有隔不断的水脉关联。云南是珠江的源头，广东是珠江的出海口，是"我住江之头，君住江之尾"那种密不可分的关系。云南省曲靖市沾益区的马雄山东麓的出水洞为珠江正源。神奇的是马雄山东麓流出水流入南盘江，北坡流出水流入北盘江，各自绵延数百公里合流成红水河，奔赴下游，最终汇成大气磅礴的珠江，流向大海。

如此渊源，山海之间的体育佳话也就顺理成章，或者说没有密切的合作与联手，就不足以体现这种一衣带水的亲密和互补。

　　三代体育世家，从春城推开春风杨柳之窗，培育出亚运旗手、中国女篮队长，奥运会铜牌，山海之间的体育故事就从滇池之畔开始。

　　1995年杨力维出生，一家两口成为一家三口，老杨夫妻俩对这个女儿的到来欢欣鼓舞。只不过一个要上班，一个要打理生意，照顾杨力维的日常就交给了老杨的父母。体育世家照顾孩子的方式就是不同一般人家，3岁的杨力维，就被爷爷托举在手掌上，锻炼平衡能力。含饴弄孙不忘训练，也是一段人间佳话。

　　说是练平衡能力，其实是祖孙情深，到四五岁的时候，杨力维的运动天赋逐步显现。按照老杨的说法是："思维活动能力太强了，基本学什么都会，从小喜欢和男孩子在一起玩耍。"

　　杨力维一开始学习乒乓球，有意思的是，学会了满足了好奇心就不再继续。不想打乒乓球后，老杨带着她去打网球。那时的云南网球队有获得过亚运会团体金牌的网球名将段丽兰、钟妮。看了杨力维的表现之后，教练非常感兴趣，觉得是打网球的苗子，让老杨将孩子送到集训队。老杨对孩子的教育跟其他父亲不同，他不强求，而是征求女儿的意见。杨力维还是那样，学网球只为满足好奇心，学会就不玩了。回答也很干脆：不想学网球。老杨也不勉强，他是运动员出身，深知做职业运动员的不易，没有一定要女儿从事体育运动的热切期盼。

第七章 · 山海之间

到了6岁左右，杨力维玩得更"野"了，喜欢户外运动，玩的都是很危险的，像U型滑板、小人车，都是她的最爱。玩到了老杨都不放心的程度。一个小女孩，三天两头又带着玩U型滑板的小男孩来，都是那些比她大得多的孩子。那时玩的是单板，四轮滑，喜欢各类挑战，胆子也越来越大。胆子大，跟她的生长环境有一定关系。老杨的妻子有4个姐妹，姐妹家的3个儿子，都爱跟杨力维一起玩。她从小就跟男孩子打交道，玩电玩具，玩赛车，一窝地围在跑道上跑，所以养得这么"野"。

尽管迁就女儿的任性，但是老杨讲原则，注重女儿成长的独立性。杨力维刚上小学的时候，一开始是老杨送着去上学。送了一段时间，因为杨力维放学后要学网球，她主动跟妈妈讲给她买辆电瓶车。老杨觉得那么远，不放心，但是拗不过女儿，担惊受怕把电瓶车买来，开车跟着。跟了3次，老杨放心了，女儿的灵巧和安全意识完全没有问题，这才放放心心让她骑车上学。学校离家的距离比较远，一块电池不够用，需要两块。7岁的杨力维天天背着双肩包，里面放着一块备用电池，骑着电瓶车去学校，乐此不疲。

不再担心女儿，老杨自己的事业却遭遇"滑铁卢"。带着理想和激情，辞职后打造的"2008运动广场"生意不理想，不过两年的时间，投资亏损。无奈之下，选择关门大吉。

一瞬间，人生从高峰跌到低谷，老杨对女儿的前途关注有些松懈。毕竟只是7岁的孩子，读书学习要紧。而在读书学习方面杨力维已经不需要大人监督就可以独立完成，他自然要花更多时间思考如何东山再起。他知道商业的世界里，成功的道路并非一帆风顺，而是充满挑战和机遇，需要商人具备坚定的决心、智慧和勇气。他也知道从顶峰到低谷再到顶峰的历程，是成功商人所必经的道路。按照云南人的说法：十穷十富才到老。但是他需要休整，需要时间度过低谷期。

这个时候，杨力维的母亲主动站出来，为女儿的未来提前谋划。她的直觉始终认为女儿该走体育的道路。理由很充分：爷爷奶奶是手球运动员，父亲是足球运动员，运动基因不是问题。再者，7岁的孩子一百米短跑成绩最好的时候达到了13.6秒。

7岁的女孩子百米成绩13.6秒是什么样的水准？2019年，美国7岁少年鲁道夫·英格拉姆，百米跑出了13.48秒，被誉为"地球最快的孩子"，视为博尔特的接班人。7岁的云南小女孩在2002年跑出了13.6秒的成绩，跟2019年"地球最快的孩子"跑出的成绩差距仅有0.12秒。

拥有这个速度的女儿，在体育运动方面到底有没有天赋和发展前途？不尝试尝试妈妈不甘心。

机会常常在偶然事件中出现，眼看杨力维小学一年级结束，暑假已经到来，妈妈正在考虑如何安排女儿暑假生活的档口，朋友上门做客。朋友相见，话题广泛，女性和母亲的天性使然，自然会聊到女儿的体育天赋和希望女儿在假期练习篮球的想法。

这一聊，打开了杨力维篮球运动生涯的天窗，一束命运的光芒照在了浑然不知的杨力维身上。

朋友当即说简单。广州就有一个很好的体育综合学校，她的朋友就在里面做羽毛球教练，那边的条件特别好，你打听一下，想去的话，时间正合适。就把这个人的名字告诉杨力维的妈妈，让她直接联系对方。

杨力维的妈妈经常跟着老杨去广州，老杨的朋友她基本都认识，她没有打电话给这个人，而是将电话打给了老杨的朋友黄启能。

黄启能何许人？中国足球界的重量级人物之一。

黄启能1966年出生于广西北海，1986年入选中青队，1988年入选国家二队，1992年入选国家队，是"施家军"（主教练施拉普纳领军的中国足球队）早期的主力。黄启能最早效力于八一队，1991年转入广州白云队，1996年到1998年又效力广州太阳神队。1999年退役后一直从事基层训练工作，2001年到2002年先后担任广州吉利队和广州香雪队的助理教练。广东或者说广州的足球，尤其是青少年足球，在我采访期间，一直是他的主业。

黄启能跟老杨因足球认识之后，一直保持着密切的联系，老杨到广州进货，都要抽时间跟黄启能小聚，这份友谊和情分带来的信任之下，杨力维的妈妈当然要首先跟黄启能联系。

电话打通，妈妈就问广州是不是有一个伟伦体育运动学校，想把女儿送到这个学校练篮球，在暑假班学习，提升她的兴趣爱好。

想不到电话那边黄启能当即说，有，他夫人就是伟伦体育运动学校的篮球教练，你带过来吧。

杨力维妈妈口中的伟伦体育运动学校，一般人不知道，但在体育界，那可是大名鼎鼎的体育运动学校。这所学校的前身是广州市体育运动学校，创建于1973年10月。1996年，广州市体育局（当时广州市体育运动委员会）将半专业层次的体校和专业层次的体工队"合二为一"，建成全国同类学校中规模最大的体育运动学校。原香港恒生银行董事长利国伟先生及其夫人易海伦女士在建校之初捐赠了3000万港币用于兴建教学大楼，后又捐赠1500万港币设立"教学、训练奖励基金"。经广州市政府批准，命名为"广州市伟伦体育运动学校"。

2004年3月，经教育部备案、广东省人民政府批准，升格为广州市政府举办的全国首所省会城市、全日制高等体育职业院校——广州体育职业技术学院。杨力维、杨舒予……这个学校培养出一大批全国著名运动员，包括跳水冠军全红婵在内的10名奥运冠军，击剑冠军马剑飞在内的27名世界冠军。向中国男篮、女篮输送了14名国家队员，还培养出荣登美国《纽约时报》，被誉为最有希望成为中国第一个世界级后卫的篮球运动员陈江华。2024年，我走进校园实地探访，篮球训练馆内，杨力维、杨舒予的巨幅海报被醒目张贴，显然是学校将姐妹花推上了励志典范的高度，让她们的影像，陪伴后来者，激励有志者。

果断的妈妈当即带着女儿去到广州伟伦体育运动学校，利用

第七章·山海之间

暑假的机会,看看女儿在篮球上是否可造。毕竟教练就是黄启能的妻子,信得过。

不过这件事,她没有告诉老杨,而是自作主张。不这么做,老杨不会同意,肯定要反对。之前女儿就跟他说过,想打篮球。老杨爱女心切,顺口敷衍说过两天送你去八一队。实则不愿意女儿离开身边。按照他的想法,这么一个小屁孩,能打什么篮球。

3天后,杨力维的妈妈回到昆明,告诉老杨,女儿在广州,在黄启能那里练篮球。黄启能是兄弟,在他那里,老杨放心,也就不当回事。反正是暑假,长长见识也不错。

也就是1个星期之后,女儿借教练的手机给老杨打来电话,哭着说:爸爸,不想练了,太累了,来接我回家。老杨急忙安慰女儿:不怕,等着我过来,爸爸会安排好。

爱女心切,夫妻二人当即赶往广州。到了学校,老杨也是眼界大开,感觉当时的伟伦学校在全国也是较好的平台了,也动心了,决定让女儿继续练习。做了3天的思想工作,动员女儿坚持到暑假结束,到时如果坚持不下去,就回去上课。3天时间,终于做通了工作,女儿愿意练完这个暑假。为了让女儿放心,老杨决定留下来陪着女儿几天。昆明这边妻子还有生意要打理,一个人先回去。

就在陪女儿的这几天时间,老杨做了一个市场调查,发现体育用品市场还有很大的发展空间。

调查结束,他做了一个大胆的决定,到广州发展,做体育用品批发。说干就干，老杨回到昆明，将仅有的两套房子变卖之后，来到广州发展。一边做生意，一边陪女儿训练。妻子因为昆明的事情暂时走不开，老杨带着1岁的小女儿杨舒予，又当爹又当妈，像在当年的足球场上一样，再一次从头开始，做人生的"拼命三郎"。

每天将杨舒予送到幼儿园，晚上接回来，中间的时间全身心投入生意中，带着几个员工不分早晚在商海拼搏。

半年之后，老杨终于走出低谷，赚到了人生的第二桶金。尽管这个"桶"不大，但是已经能够在广州买一套住房，还不影响生意上的现金流。紧接着，妻子也过来了，一家人齐聚广州，山海之间的跨越以杨力维在伟伦体育运动学校打篮球悄然完成。

这个头绪要这样梳理：没有妻子送女儿到伟伦，老杨就不会去广州。老杨不到广州，就不可能毅然卖房二次创业，且半年见成效。最为神奇的是，妻子一直不过问女儿的事，这一次突然如此主动，促成了杨力维打篮球的事。如果没有这个开始，就没有杨力维和杨舒予姐妹俩的今天。所以老杨非常感激妻子，因为她的这一决定，从此改变了一家人的命运。

后面就顺理成章了，杨力维爱上了篮球，在伟伦逐渐成长，老杨体育用品生意得心应手。有一次老杨去找教练喝茶，在教练办公室遇到一个长者进来。教练说他就是院长。教练对老院长说这是杨力维的爸爸。想不到院长当即谦虚地说谢谢你，给我送来那么好的苗子。

当时老杨不知道眼前的院长就是大名鼎鼎的"明星院长"胡树森，是那个率先提出"我要实施和实现教育部规定的规范的大专学历教育，不但要解决好广州竞技体育运动员的文化学习后顾之忧，还要为社会培养大批具有突出的体育专长，良好的文化素质，较高的实践能力，具有创新精神的运动训练、体育教育、体育管理、体育产业经营等行业领域的复合型的应用人才"的名校院长。

听着这个不认识的老院长夸奖女儿，老杨并不怯场，不客气地反驳说这么小的孩子能看得出什么篮球未来？

其实他还是心疼女儿。

老院长微笑着没有再说什么，教练则给他肯定的答复：你只要等着看这个孩子的未来就行。

这个教练就是杨力维和杨舒予的启蒙教练、黄启能的妻子毛伟红，如今的广州市青少年篮球总教练，伟伦体育运动学校篮球部部长、总教练。

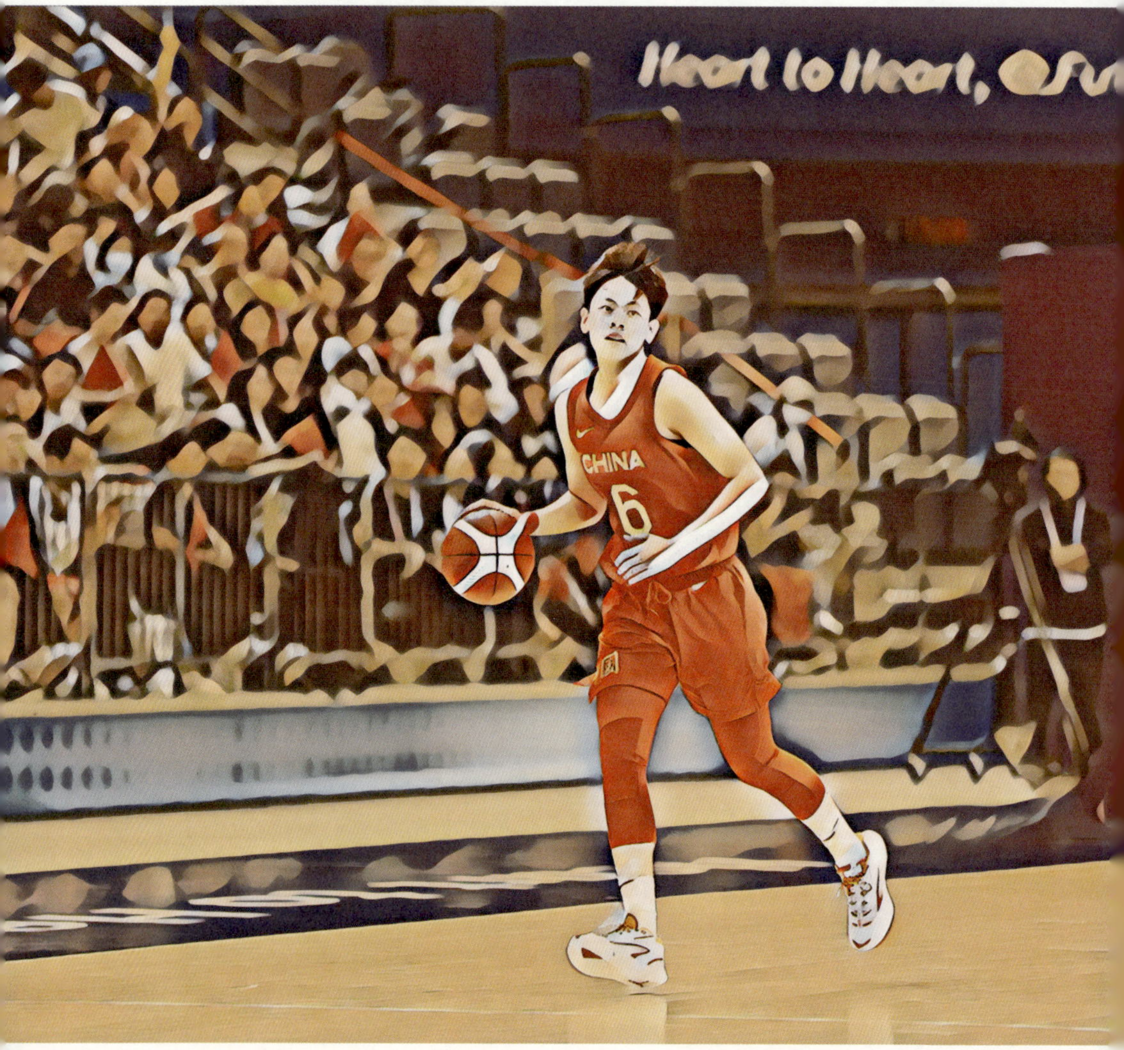
Heart to Heart,
CHINA
6

第八章 · 伟伦体校

2024年3月23日，采访完杨力维，从东莞女篮俱乐部赶到伟伦体育运动学校，已经是晚上8点半。夜空下的校园在静谧的灯光下已经沉睡。

之前老杨跟毛教练通过电话，然后将电话号码发到我的手机上。在东莞又跟毛教练对接上，拨出电话，毛教练随即接通。她低声、遗憾地说一直等着，应该过来见个面，但是现在不方便，有接待。

我说不方便不要紧，你忙你的，只要告诉保安让我进去就行，我转一圈就走。

毛教练爽快地说那行，我让一个学生来带你四处看看。

顺利走进学校，一个十五六岁的女孩子小跑着过来。灯光下，女孩个子高挑，礼貌大方，带着我一路不停地介绍。

先到文化课教学楼，楼道两边密密麻麻的世界冠军、奥运冠军照片令人叹为观止。想到云南，一直是个位数的奥运奖牌，对比之下简直就是精神"伤害"。再到篮球训练馆，姐妹花的大幅照片稍许给了一点精神安慰。至少，可以对所有人指着海报说："这姐妹俩是云南人。"

观看了校园，带走些资料，加上对毛教练长时间的电话采访，还有之前老杨的介绍，总算得以全面了解伟伦体育运动学校的全貌，探查到姐妹花在这里接受篮球启蒙教育的种种细节。

1996年伟伦体育运动学校成立，或者说是更名为伟伦体育运动学校的第二年，毛伟红就来到这所学校。这名浙江女篮的悍将，"国字号"女球员，心中燃烧的是篮球的火焰，离开赛场，心还在赛场，魂还系在篮球上，拍打着她的理想和未来。2002年，这一契机到来，在训练科工作了5年的毛伟红受命为时任广东女篮主帅郑薇的助手，帮助广东女篮冲甲成功。才能一经展示，便一发不可收拾。当时学校缺少专业的篮球教练，领导就让她顶上，从那时起，毛伟红真正开始自己的教练生涯。从接过广州青少年篮球总教练、广州市女篮主教练的教鞭，到扛起广州队总教练的大旗，用21年的时间，让广东篮球群星闪耀，光芒四射。

巧合的是2002年，7岁的杨力维来到伟伦试训，第一印象就让毛伟红眼前一亮，感觉眼前的女孩有特点，是不同一般的娃。

当时毛伟红带的这支青少年女队，小的10岁，大的18岁，杨力维论年龄也好、个头也好，都是最小的。但是杨力维一点都不怯场，初次跟师姐们见面，自我介绍落落大方："大家好，我叫杨力维，我来自云南昆明。我对篮球一样都不会，希望大家多多关照。"

标准的普通话，清晰的表达，赢得师姐们热烈的掌声。毛伟红一看，这孩子情商、独立性可以呀。虽然身体看上去瘦小点，但是基因在那里，有成长的空间。再一测百米速度，13.8秒。毛伟红惊喜万分，云南高原的孩子果然不一般，下到低海拔处特征明显。杨力维又一本正经地说，她的体育老师给她测的是13.6秒。13.8秒也罢，13.6秒也罢，毛伟红敏锐地捕捉到关键信息，经验告诉她，眼前这个女孩是棵好苗子。好苗子能否长成大树，一个暑假的测试时间足够让毛伟红做出决定。

得到毛伟红的赞许，杨力维的妈妈终于放下悬着的心。在昆明，杨力维提出想学篮球被丈夫敷衍，身为妈妈的她却当作一件重要的大事，瞒着丈夫来到广州，毛伟红的肯定证明了女儿有潜力，需要在这里激发。激动中安抚好女儿之后，匆匆返回云南。路上，她没有回头。女儿的命运交给了放心的人，她的内心无比欣慰。

当时，伟伦体育运动学校女篮对运动员的选拔不分年龄，以是否有天赋为主。所以每一个班（队）年龄大大小小的都有，一个队以20人为上限。能否进入需要试训，其间进行考察、测试。对天赋明显的热烈欢迎，对资质一般的顺其自然，优胜劣汰。这就苦了毛伟红。带着一帮孩子，不仅要带她们训练，还要照顾她们的日常起居，遇到头疼脑热，更是要亲力亲为。身份是教练，其实还要承担起家长的责任。所以在队中，毛伟红有个亲切的称谓"毛妈"。在队员的眼中，她就是她们篮球事业道路上的另一个母亲。"毛妈"在训练中的严格是出了名的，日常生活中又对她们关怀备至，消融她们思乡的哀怨。

又当教练又当"毛妈"的日子，毛伟红十分感慨："真的非常累，当时女队就我一个教练，什么事都得自己来。队员都是青春期的孩子，不能一直批评，也不能一直表扬。什么吃不好啦、闹脾气啦我都得过问，确实非常操心。"

只要和队员的成长有关，毛伟红都是事无巨细，投入了无数的心血。虽然累，但毛伟红觉得值得："她们的父母都不在身边，我不照顾她们，谁照顾她们？"

毛伟红的付出也得到了回报，自从她担任广州市女篮主教练的20多年以来，广州女篮就包揽了广东省运动会女篮项目的全部冠军。

当时身为基层教练的毛伟红，不仅有敬业精神，还具备慧眼识珠的能力，尤其是杨力维，作为队中年龄最小的球员，更是得到"毛妈"的呵护。这个还没有崭露头角的"丑小鸭"，被"毛妈"当作"小天鹅"哺育着，已然预见到了未来一飞冲天的那个场景。

之前杨力维没有正经学过篮球，反而让她不走弯路，起步就是正规的训练。伟伦还有一个特点，专业训练之外，文化课也不能落下。一旦某个球员文化课成绩被落下，就要减少专业课，减少外出比赛、交流的机会，增加文化课的学习。这是杨力维最不愿意的，她选择篮球之后，就心无旁骛，不愿意被文化课拖后腿，做到了文化课、专业课齐头并进。

把一切看在眼中的毛伟红决定给杨力维更多的历练机会。球队有比赛的时候，就带着她一起去，当个编外球员。到广州外的比赛，毛伟红就将杨力维和几个小球员安排在自己房间一起睡。目的就是让小队员得到历练的机会，感受比赛的氛围，打下良好的心理基础。试想一下，当夜晚安静下来，小队员们围着毛伟红，那是怎样的温馨场面……而一切都是发自内心，没有任何矫情的思考，豪放的性格，携带着母性的细腻。

独立性极强的杨力维在外出比赛的时期自然显露出主动性。身为小队员，并非置身事外，每天闹铃一响，翻身起来，喊师姐们起床。到了球馆，背药箱、捡球、收球这些事从来不需要提醒。比赛的时段，全神贯注比赛过程，用心揣摩、学习。同时，不忘当啦啦队队员，为师姐们加油、打气。最让毛伟红满意的是每天的训练日志，写得一丝不苟，条理清晰、工工整整。"直到现在，杨力维写的是我看到过的最好的训练日志。"现在"毛妈"依然异常感慨。

这样的训练持续一年以后，杨力维慢慢成长起来了。

这一年，老杨夫妻也是功不可没。正如中国人习惯的认知，父母在哪里，家就在哪里。夫妻二人最大的贡献就是让杨力维在广州有了个家。休息日，杨力维坐上公交车就可以回家，见到父母，跟妹妹戏耍，跟父亲说说训练比赛的事情，听父亲为她支招，如何解决生活中的难题。

一年以后，杨力维渐渐成长起来，成为表现突出的小球员。伟伦体育运动学校不是温室，既然有了本领，就要到赛场锻炼，接受实战的考验。

很快，毛伟红就安排杨力维参加U8的比赛。

篮球业内人士都知道，U8代表8岁以下运动员的比赛，U10代表10岁以下运动员的比赛，以此类推。到了U15，能力出众的就可以进入国少队。这种专业机制下培养小篮球运动员的方式，到了2017年，中国篮协经过考证认为小篮球运动是更适合少年儿童的篮球运动，不惜通过改变成人篮球运动的规则和器材，以适应孩子们的身心发展。

有意思的是，参加U8比赛的杨力维还是个孩子，还需要父母的精神支持。只要有比赛，一定要父母到现场。不管是不是在广东省内，都要父母去看她的比赛。按照老杨的说法就是：你不到，她就会慌，打电话催爸爸，你们怎么还没来，就等你们了，其他家长都到了，就是要喊你去关注她。当然，做父母的也不含糊；只要我有空，时间允许的情况下，她走到哪里我就跟到哪里。在广东比赛，有时候离广州有百余公里，再远我都开着车去，甚至有时候在省外。最有印象的是去郑州比赛，在江西比赛，四国邀请赛，我也跟着去，全程陪护。

但是人生道路，总有意外潜伏在前行的道路上，随时准备给幸运的或者不幸运的人致命一击。优秀如杨力维，也躲不开这一击。

就在她迅速成长的过程中，遭遇了人生最惊险的挫折。一次训练间隙，杨力维跟队友打闹、追逐。高速躲避的她一下子收不住脚，咣当一声撞在墙边的玻璃上。玻璃咔嚓碎裂。碎裂声中，杨力维的手臂血流如注，瞬间染红了半个身子。

队友被吓坏了，急忙去找"毛妈"。"毛妈"一听，心想完了，这么漂亮的小脸蛋破相的话怎么向她父母交代？急匆匆赶到现场，还好，是胳膊内侧受伤。急忙安排送往校医务室，同时给老杨打电话。不巧的是，老杨因为生意在外出差，听说女儿被玻璃划伤手臂，也不太在意，就打电话叫妻子去看看。

这边医生检查结果也出来了，伤不重，没有伤及骨头和血管，也没有伤及维系运动命脉的手筋。但是伤口太长，半个手臂都划破了，需要立即手术。但是医务室没有麻药，必须到医院。这个时候。惊人的一幕发生了，杨力维知道麻药对她的运动神经会有影响，多打抗生素也会影响运动机能，就不愿意去医院，要在医务室无麻药缝针。时间紧迫，大夫无奈，咬咬牙拿卷卫生纸给她咬着缝针。一针一针，又一针，旁边的同学都哭了，她反而说，我都没有哭你们哭什么？直到第31针全部缝完，她都没流一滴眼泪。这等毅力，老杨夫妻从小灌输给她的意志培养，算是深入骨髓中了。

等老杨回来，听说女儿不打麻药缝了31针，当即目瞪口呆。如果他当时在场，不可能允许这样的事情发生，甚至得知是女儿自己的意思，他一时间心疼得说不出话来。试问人间的父母，普天之下，能有几个这样的女儿？

受伤并没有给杨力维留下阴影，反而激发出她内心的潜能，对训练更加投入。当然，成长中的少女，风一样的女孩，难免有"飘"的时候。2010年，广东省运动会前夕，广州组织三人篮球赛，毛伟红将手下弟子组成2支球队参赛。

结果如预料的那样，2支球队顺利冲进决赛，包揽了冠亚军。但是决赛的时候，主力身份出战的杨力维、于东、崔红洋竟然输给B组的替补队员。

毛伟红大怒。

虽然获得冠军的也是自己的弟子，但是主力输给替补，是她不能容忍的，况且是她寄予厚望的弟子。

她让3人从天河体育馆跑步回学校。回到学校，事情还不算完，又让3人写检讨书，将名字写在她办公室门后，记下这耻辱的一笔。进到国家队，才可以擦掉名字。

毛伟红如此生气毫不留情处罚3人，是因为她们骄傲了。这是体育运动员最忌讳的缺点，也是致命的软肋，所以毛伟红无法接受。

从来没有见"毛妈"发这样大的火，3人惊呆了。失败的痛楚中，这样的处罚，无疑是当头一盆冷水，浇醒了3人。从此，3人以此为耻，在训练中、比赛中全神贯注，不再让骄傲露头。

最终，3人均以优异的成绩入选国家队，洗刷了门背后的耻辱。

前面说过，毛伟红对球员的学习一样抓得紧，一旦文化课成绩下滑，就要求这个球员花更多的时间在文化课上面，有比赛也不安排随队。这样的"惩罚"十分有效，孩子们不能参加比赛，会十分着急，觉得没面子，就会努力学习，不让文化课耽误专业训练和外出比赛机会。

专业成绩优异，文化课成绩优秀，伟伦体育运动学校两条腿走路的校策免除了学员的后顾之忧，杨力维在伟伦体育运动学校高中毕业后，因其优异的表现，国少青队员的身份，被广州工业大学破格录取，成为一名在校大学生球员。

然而，杨力维并不满足大学生的学历，跟篮球已经无法分离的她，需要更多的篮球理论营养。完成大学学业之后，如今还是广东省政协委员，参政议政，有能力有资格为广州的经济建设、体育事业出谋划策。面对广州几所大学邀请她退役后入职任教抛来的橄榄枝，她婉言拒绝："我现在的任务是打球，以后的事以后再说。"

关于杨舒予，在体育圈不为人知的第一次出场是"毛妈"的嘱托："把这个宝贝看好、管好，不要出什么意外。"

"毛妈"的意思再明显不过，姐姐有体育的天赋，妹妹也不会差。但是姐姐的身高体重不够理想，希望妹妹能长得更高更壮一些，将来从事体育运动才不吃亏。所以她对老杨夫妇说出这番充满期待的话语，仿佛杨舒予铁定是她的弟子。

然而，个体的成长都会出现不以他人意志为转移的过程，杨舒予也是如此。

回望她的成长道路，从她不喜欢篮球到喜欢篮球这个转换很有意思，只用了半年的时间。之前父亲怎么动员她都不喜欢，小学四年级的时候，有一次父亲到伟伦的篮球馆去看毛教练。坐在一起，那些小姑娘刚刚睡午觉起来，热身，做准备活动，父亲就说妹妹，跟着姐姐们一起上去练练。杨舒予说好嘛好嘛，就跑上场去。父亲从来没见过她在运动场上的表现，全部"左手左脚"（不协调之意），做一下动作她就看看别人，极不自然。一时间妈妈在笑，同去的几个人都笑起来。这边毛教练暗自吃惊，杨力维的妹妹也太笨了嘛。父亲纠正说，不是笨，是那些动作做下来怎么看怎么都不协调。

"左手左脚"以后，杨舒予自尊心受损，打死都不去篮球馆了。后来老杨夫妻开车到球馆，让杨舒予下来跟毛教练见个面，但杨舒予赖在车上，就是不出来。毛教练喊来几个小朋友，将她哄下车，她就跑到一个角落坐着。如此反复多次，终于说爸爸我想打羽毛球。说来也怪，打羽毛球她就进球馆练得很认真。因为羽毛球是练脚步，很快，就校正了她体育功能的一些身体障碍、缺陷。父亲便决定通过体育改变她。

但是从那天开始她不谈篮球的事，不管别人怎么劝她，姐姐怎么动员她，不喜欢就是不喜欢。刚好那年春节回昆明过年，跟朋友喝茶，一进朋友家，就跟贵宾犬玩了一天，玩到下午说走了，她依依不舍。老杨那个朋友也是高情商，见状就说妹妹，我

第11章 伟伦体校

谈个条件，你去打篮球，大妈送你一只狗。她说真的吗？真的。朋友第二天到花鸟市场，花了几千元买了只狗送给她，她抱着那只狗就回去了。回去以后老杨就跟教练约，杨力维也做她的思想工作。杨力维那时候已经在国家队，杨舒予终于松口，答应进伟伦体育运动学校学打篮球。

想当初让她去接受篮球训练，父亲只是想用体育来影响她，多学一个技能，未来能上一个好大学，不敢奢望达到姐姐的高度。意想不到的是半年后的一天，正是晚自习的时间，杨舒予打电话说爸爸："我想麻烦你个事，你能不能跟教练要训练房的钥匙，我想去训练。"

老杨一听，马上预感这是一个重要的时间和机会，女儿开窍了！马上说你去找教练拿钥匙，我现在就打电话给她。既然孩子主动要求加练，可喜可贺，必须支持。杨舒予一旦"开窍"，加练的效果立竿见影，篮球水平发生质的飞跃。练了一段时间以后，姐姐杨力维给了她一些基础训练的录像视频资料，让杨舒予观看、学习、参照。老杨也买了两部手机，一部给教练、一部给杨舒予。教练将杨舒予训练的视频传给杨舒予，杨舒予又转发给杨力维。杨力维一看视频传过来，哪个动作做错了，马上纠正。这样练了一年，一直关注女儿篮球训练的老杨第一次带着杨舒予去参加广州市小学生篮球比赛。通过这次比赛，老杨确定了杨舒予的意识潜能超越了同龄人很多倍。同龄的小孩子在场上只会一窝蜂去抢，她则会站在位置上等待机会。想不到就一年的训练时间，杨舒予的篮球意识有那么大的提升。同伴传球时会判断落点，有提前抢断的意识，会隐蔽地把球传出去。有了这几点，老杨感觉杨舒予可以像姐姐一样往篮球方向去发展。篮球意识、篮球文化的延展、未来发展的核心基础，就是要学会传球，要学会分析，要学会制造机会给同伴。

第三年之后，杨舒予的机会来了。奥运会功臣、中国女子青年队教练李昕到广东带青年队，接手以后跟东莞女篮俱乐部董事长点名要打造培养杨舒予。

董事长问他，我现在建立这个梯队，你看一下这个配置，看一下需求，你对未来队员最有希望的是谁？他说没有，一个都没有，只有一个人我可以把她打造出来。董事长说你想打造谁？他说想培养杨舒予。

就这样杨舒予坚持跟着李昕学习。李指导的训练手段，在国内都是出了名的严，但是杨舒予坚持了下来。练了两年，严师出高徒，从国少到国青一路成长，对她帮助特别大，16岁就成为女子职业联赛的插班生，做外援上场参加比赛。一上去，直接一打一就闯过去，然后一个突破，一个转身，2个人防她都没防住。总共上场时间不过5分钟，2分钟得了5分，一个3分一个突破得2分。

整个就是小荷才露尖尖角。

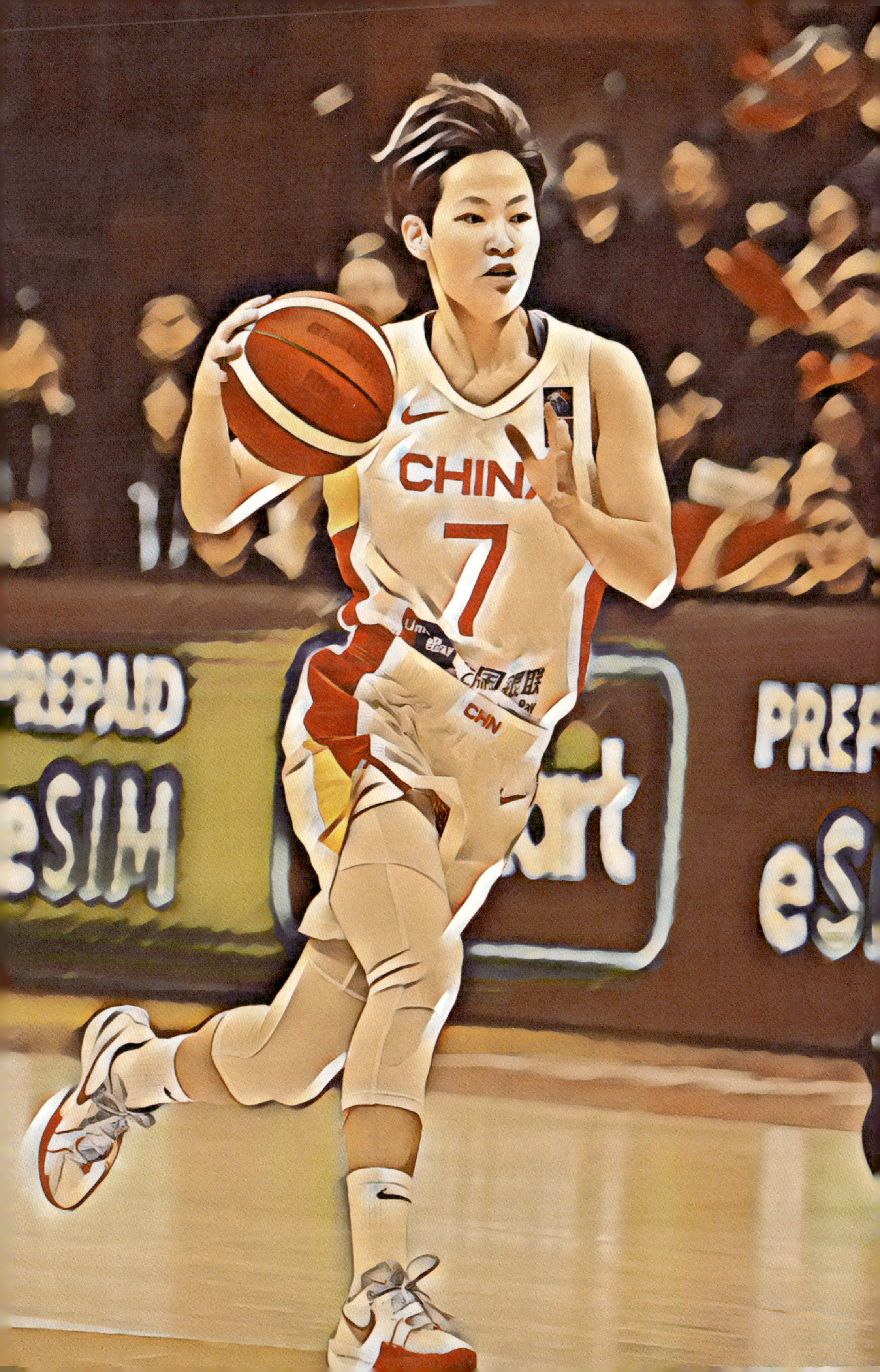
CHINA
7
CHN
PREPAID
eSIM

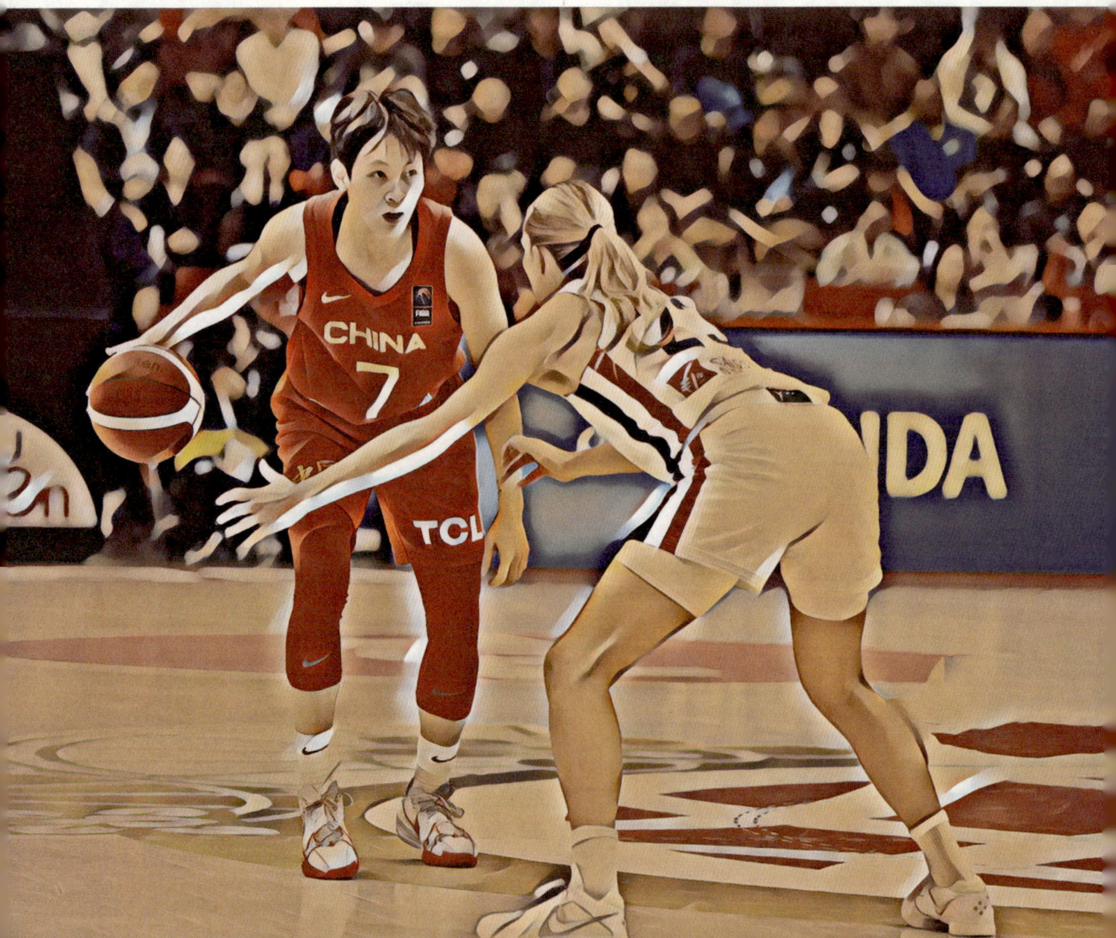

CHINA
7
TCL
IDA

第九章·恒予中心

昆明茨坝，原云南重机厂闲置的厂房山墙上，"杨舒予篮球中心"几个蓝色大字与天空的宝石蓝遥相呼应。大字上方一个扣篮的Logo，是一个篮球运动员扣篮的形状，简洁、毫不犹豫、目标明确。

入口处的门形钢架上，"恒予体育"四个仿宋体大字大大方方，仿佛敞开胸怀的体育健将。钢架延伸进中心，洋溢神秘和俊朗，钢架右边的橱窗中，郑薇、杨力维、杨舒予、黄思静、李梦、李月汝、韩旭、吴前（男）、张镇麟（男）的海报耀眼醒目，左边姚明、杜锋、易建联等中国明星球员的形象英姿勃发。厂房内4000多平方米的场地上方，闲置的行车气势如虹，横卧空中。密密麻麻的灯杆，仿佛竹林一般，向下拉住篮球般大小的灯罩。

钢铁、灯光、厂房构建的"金属风"劲爆风格之下，是按照FIBA品质要求建设有两块标准五人球场、一块标准三人球场，设置专业体适能训练区、综合力量房、搏击台等辅助训练设备，同时建设了文化长廊、篮球文化时光隧道、体育专题展示透柜、篮球运动员主题餐厅等跨文化区域。

篮球文化时空隧道，体育世家的轨迹清晰明了，代代相承：

时空隧道的起点是杨吉（杨力维、杨舒予的爷爷），杨庆珍（杨力维、杨舒予的奶奶）个人照，洋溢着新中国成立后百花齐放、百家争鸣大环境下发自内心的开朗、大方笑容。文字记录了1959年第一届全国运动会手球项目中，杨吉与杨庆珍均是司职前锋，分别参与手球项目男子组与女子组。最终，爷爷所在的云南男队获得男子手球组第六名，奶奶所在的云南女队获得女子手球组第四名。

然后是"恒予体育"的创办者，国家级运动健将老杨，20世纪80年代足球爱好者耳熟能详的云南足球名将的3张照片。一张是1985年国青队的合照，一张是当年国青队访问巴黎的纪念照，一张是老杨跟队友在莫斯科的纪念照。照片下面的文字如下：

司职后卫的老杨，是入选过足球"国字号"球队为数不多的云南球员，他于1985年入选当时以京辽球员打天下的最强国青足球队，在拥有高洪波、徐弢、李辉、高仲勋、宫磊等众多著名球员的球队中，老杨以扎实的基本功和硬朗的球风深受教练的认可。

1985年，由张志诚率领的中国国青队获得了第23届阿联酋亚青赛的冠军。随后，这支队伍在莫斯科参加的第三届世界青年锦标赛上，战胜过英格兰、巴拉圭等传统劲旅，最终获得八强的好成绩，这也是中国足球迄今为止在世锦赛上的最好成绩。

接着是杨力维、杨舒予的详细介绍……

时光隧道的列车从个旧缓缓出发，载着爷爷、奶奶、父亲，载着姐姐、妹妹，在体育的世界中上上下下，将体育精神一代代传递，为云南体育留下一段动态的历史，给云南体育的未来带来无数的遐想。

2024年6月4日，再次走进杨舒予篮球中心，商谈书稿细节。球场上，正有一场女子篮球比赛。看上去应该是哪个单位的比赛，但是场上队员拼抢十分积极，场外的教练也是兴致勃勃。这里有两块标准球场，东莞大朗体育馆只有一块。杨力维所在的俱乐部，篮球日常训练场地、比赛场地（主场）都在大朗体育馆，都使用同一个球场。相比之下，伟伦体育运动学校的篮球训练馆则阔气得多——视野开阔，仿佛足球场一样宽广。推来篮球架，搭建七八个篮球场都不显拥挤。

老杨在办公室等着，大板茶桌上笔记本电脑开着，牛仔裤，品牌T恤，小巧的老花眼镜。不变的是依然戴着黑色的品牌棒球帽，依然是穿搭精致，眼光有神，思维敏捷，健谈。只不过，此刻的感觉更像学者。

当年妈妈瞒着爸爸，将杨力维带到伟伦体育运动学校打篮球，不仅改变了杨力维，也改变了老杨一家人的命运。爱女心切的老杨因此举家到广州创业，兼照顾杨力维。杨力维有父母的呵护，一心一意打篮球，最终成为国手，带动妹妹杨舒予成为中国女篮新时代运动员。杨力维和杨舒予的篮球生涯，每一阶段都得到父母方向上的指导，一家人的命运可谓你中有我，我中有你，密不可分。说到家庭教育这一块，很多小故事值得深思和借鉴。

老杨身边的朋友，聚在一起常常说，老杨，太羡慕你了，养出这么有本事孩子，不像我，早上6点半送娃娃读书，晚上9点接回来（高中），3年不变，终于送出去以后，还没有来得及庆祝我的自由生活，又要考虑娃娃大学毕业后的就业。

老杨笑而不语，在他看来，家长的误区何止陪读。经常是娃娃做一件事，不具备这个条件，但是他偏要跟着别的娃娃去做、去争，家长也跟着去做、去争。比如，不适合弹钢琴非要去弹，不适合打乒乓球非要去打，结果因为自身条件的限制，达不到预期，导致家长孩子都很累。以老杨的个人经验，他更注重孩子的独立性培养。在昆明的时候，有一次女儿说："爸爸星期一要交作业，我没做完。"

老杨笑着回答说："杨力维，这个是你跟学校的关系，跟爸爸没有关系，没做完被批评的是你，跟我有什么关系，你自己想办法解决。"

姐妹俩成年之后，一家人在一起，他这个父亲给予她俩更多的是陪伴和相互间的理解，充分照顾她们的个人感受。这当中，经常破坏家庭行程的就是杨舒予。一家人有个约定，只要姐妹俩放假，老杨夫妇就安排好她们的行程，锁定一个时间，一个城市。每次的破坏者都是杨舒予。经常是行程全部谈好规划好，通知到杨舒予，等到了地方，第一个消失的就是杨舒予。扔下一句话："爸爸，我有事。"就走了。走就走吧，毕竟女儿大了，不能再用规则管着她，但是还是有些许担心。比如，分配时间，杨力维可以安排得很合理，商业活动时间是商业活动时间，家庭时间就是家庭时间，杨舒予在家庭活动中则经常"爽约"。

不过这个经常"爽约"家庭活动的阳光女孩，却促成父亲做了人生中又一个重大的决定。

从"左手左脚"运动不协调到2017年获得亚洲青年女子篮球锦标赛第三名，到东京奥运会三人篮球第三名的飞跃，也就是7年左右的时间。不可能改变、不可能实现的事在小女儿身上实实在在奇迹般发生了，改变了老杨的观念，他就觉得体育项目，没有笨小孩，只是方法不对。离开云南18年，陪伴着姐妹花成为国手的岁月，他虽然是商人，但一直没有离开体育，一直在吸收体育的各种养分。

当杨舒予站上三人篮球领奖台的时候，他内心的情怀骤然间被激发了。

他思念家乡、思念云南了。

云南是他的故乡，亲朋好友相聚时都热情呼唤他，回到家乡。他经常为此困惑，回去干什么？在家乡，我的价值是什么？

做生意，广东比云南占优势；讨生活？也过了养家糊口的阶段，下半辈子生活早就无忧。思来想去，他找不到一个回家乡的理由。

正如杨力维到伟伦体育运动学校给了他到广州的理由，杨舒予"丑小鸭"华丽转身变"白天鹅"的成功，让他找到了回云南老家的理由：做青训。他相信，像姐妹俩这样的体育苗子，在云南一定有，缺乏的是平台和机会。

2020年，时年55岁的老杨带着妻子，踏上了回家乡再次创业的归途。这一次的返乡，是深思熟虑的决定，方方面面都提前做好了规划。

在巫家坝机场附近，他租下一个3000平方米的仓库，创建了云南省第一家独立运营的篮球培训基地：云南维予体育杨力维篮球中心。

取名杨力维篮球中心，征得过俱乐部的同意，也是为了通过杨力维这张"女篮名片"，给有意学习篮球的孩子先期的底气。杨力维就像高峰上的标杆，这根标杆是从云南长出来的，云南的孩子只要有梦想，标杆就在身边。从体育人的角度，他看得更远，想得更多，雄心勃勃想搭建一个篮球运动平台，培育、发现、输送云南的篮球人才。

当他回到故土，越发感受到心底那份情怀的正确，越发感到家乡的这块红土地需要他挺身而出。夜晚，他默默站在空荡荡的篮球场上，看到的是未来球场上龙腾虎跃的壮怀激烈。

此刻的红土高原，他是一个人在战斗。

云南并不缺少优秀的体育苗子，缺的是如何将他们选出来、培育好、送出去，让他们在自己的舞台上绽放光芒。他的目标，按照时下的说法就是他的梦想是以新型、科学、专业、精细的青少年篮球训练及少儿适能训练系统，为国家培养和储备运动人才，最终，改变云南体育三大球无领军人物的困境。

所以，他享受此刻一个人的圆梦过程。他知道体育不是一蹴而就的短期行为，需要时间的堆积。这个过程是品味孤独和坚持不懈的过程，唯有情怀，才是消除寂寞的良药。

老杨的情怀简单明了，就是要改变云南篮球缺乏来自民间、专业、灵活、高层次平台的现状，以新的力量、新的方式，推动、促成云南篮球的革命性变革。他知道个人的力量有限，但是他愿意先以个人的力量破局，最终与志同道合的人士、与体育界形成一道磅礴的合力，完成夙愿，让高原篮球成为云南新的标杆。

可惜的是，杨力维篮球中心运作时间不长，巫家坝机场商圈整体拆迁，训练中心被迫停业。

只能算小插曲，反而促成杨舒予篮球中心的诞生。

东京奥运会后，杨舒予微博的粉丝数从12万跃升至600万，成为高中生、大学生心目中的偶像，而她北京体育大学学生的身份，加上俊朗的外表，更能够得到青少年的认可，让篮球的推广更有说服力。

老杨果断决定另选新址，新建杨舒予篮球中心。

新址确定在871文化创意工场，也就是历史上的昆明重机厂旧址。

密集排列的钢铁丛林，高大密实的车间立柱，厂房上部悬挂的巨型行车，纵横交错的管道，巨大的水压机和装运沸腾钢水的钢包，重型机械和装备，直冲云霄的烟囱，活脱脱的云南工业历史博物馆的现实写照。老杨看中了这个有着春城大厅、工业文化主题旅游景区、国际化城市文化创意名片美称的创意工场。

2022年5月14日，云南省内首家以专业的课程体系及赛事为基点，打通全职业晋升通道的现代科技迭代的专业篮球中心，恒予体育杨舒予篮球中心在原云南重机厂举行隆重的揭幕仪式后正式开业。

来自民间，畅通省外的篮球平台，在5月的阳光下，粲然鸣响下一站的汽笛声，面对云南广阔的篮球天地，沉稳启动。

云南省体育局、云南省体育总会、云南省篮球协会相关负责人均到场见证这一盛举。

这样的盛事，姐妹花是现场的主角。既然是杨舒予篮球中心，妹妹当然要致辞，以慰粉丝的心："今后杨舒予篮球中心将以饱满的热情、专业的技术和服务来回报大家的厚爱，以体育人扬帆远航、扎根云南回馈社会。"

篮球中心的开业当然少不了篮球表演活动，紧接着，姐妹花带领"恒予队"与招商银行队来了场三人篮球赛。哨声一响，姐妹花迅疾进入状态，精彩的比赛在金属风强劲的篮球场开始，到场的人自发组成啦啦队欢呼、呐喊，为姐妹花加油……最终，姐妹花带领的恒予队以20：12赢得比赛。

真正的开业大吉。

低调的老杨陪着嘉宾，话题天南海北，主题始终不离篮球，不离青少年篮球人才的培养与选拔，不离振兴云南篮球的梦想。

除了人才选拔，过程中客观存在的问题老杨也想到并设计了解决方案。

现在的青少年身体素质很多不达标。生活不规律，不良习惯加上沉迷电子产品造成很多青少年高低肩、脊椎侧弯、脊椎侧倾等，尤其是脊椎侧倾，开始不明显，最后到医院才发现为时已晚。恒予体育首创通过运动测评，提早发现这些功能缺陷，通过运动干预，采取运动康复的手段解决问题。

为此，杨舒予篮球中心设计了3—18岁的模块，根据不同孩子的身体特质，用数据链来管理，让孩子的身体成长可以通过数据提供各种体育锻炼方案，达到恢复运动功能的目的。

平台和模块都已搭建好，老杨需要得到更多有识之士的响应和参与。单是如今青少年运动功能缺失的问题，就已经亟待解决，刻不容缓。发现苗子之前，对苗群的呵护和跟踪，是前期重要的基础工作。这方面，不仅需要情怀，还需要公益心。

平台建立完毕，恒予体育主动出击，联络组织赛事，为云南篮球运动造势。

最典型的活动莫过于2023"招行杯·维予之星"首届昆明市青少年篮球联赛总决赛及"未来之星"挑战赛。

2023年10月14日，同德·昆明广场人声鼎沸，热闹非凡。所有人聚集在临时搭建好的长方形篮球场，构成人的墙、人的浪。

所有人，将热情和期待，将青春、欢笑，灌注在篮球场。此刻的球场，如同一块玉牌，激荡生命与活力的玉牌，为所有球迷敬仰。

篮球的魅力，一时间盖过了此前的明星音乐会，春城昆明，迎来另一种青春焕发的声音。

晚上7点整，2023"招行杯·维予之星"首届篮球联赛未来之星挑战赛及颁奖仪式火爆开场。最激动人心的是，杨力维、杨舒予这对篮球姐妹花"空降"现场助阵，与观众、小球员互动、表演，场面之欢畅令人目不暇接。

云南省各地篮球俱乐部的教练团和小球员们齐聚广场，他们都是在赛场上历经层层选拔，"拼"到颁奖现场的，他们都激动地等待颁奖时刻的到来。当获得此次联赛冠、亚、季军的队伍上台领奖时，全场都沸腾了。

不过这只是开胃菜，颁奖仪式结束后，更大的惊喜到来。云南省篮协、昆明市消防总队分别向杨力维、杨舒予授牌"云南省青少年篮球推广大使""昆明消防宣传公益使者"之后，杨力维带领"逐梦队"，杨舒予带领"启航队"，两队小球员互不相让，开始技巧挑战赛和30秒即兴投篮。之后，杨力维、杨舒予带领云南省楚雄彝族自治州武定县香水小学的"招行金葵花篮球队"兵分两队，完成了1分钟计时投篮比赛。

跟世界级别的国家篮球队员同台"竞技"，这些小球员接受的篮球思维和渴望成功的意识深植梦想之后，没有人敢断言他们未来篮球道路……至少，他们会记住篮球、记住这一值得刻入记忆、影响未来成长道路的时刻。

那一天，没有接到邀请的媒体，得到消息之后，纷纷来到现场，挤破脑袋也要进入现场，托各种关系，要求采访姐妹花。没有哪一个新闻记者，尤其是体育新闻记者，愿意错过这历史性的时刻。

这样的赛事活动，云南久违了。这是一场完美的商业赛事，依靠社会和企业的力量。冠名成年人比赛的赞助商不少，冠名青少年比赛的赞助商，又带有公益性质的青少年篮球赛事，并且达到宣传目的，近些年来在云南还是第一次。当天，网上播放量突破1000万，抖音同城榜排名第三，如果不是浙江卫视到昆明拍摄同期跑男节目，完全可以排名第一。这样的社会效应完全是现象级的。

之前，有人对老杨的梦想表示质疑，认为他在"画饼"。老杨淡然一笑，不予反驳。他是做实事的人，他口中的未来，跟对方说的"饼"是两回事。他不是在画饼，而是在"画"一个梦，青少年篮球的梦。他要做的是将篮球的红利也罢，福利也罢，给到参赛的家长和学生，而不是某个机构、团体。作为云南省第一个通过赛事进行体育人才选拔的策划者，他关心的是如何通过数据链和技能数据链来搭建青少年人才库。选出来的人才库，他不私藏，而是要无偿提供给昆明教体局、云南体育局，帮助这些单位进行人才数据库的建设。他不计较这方面投入的人员、设备、技术，他只想通过未来的成绩，来回馈家乡的父老乡亲。

说实话，他的决心很大，依托家乡，或者说为家乡搭建起面向省外、国外的体育平台之后，下一步的青少年赛事，他雄心勃勃，需要以云南为基点，辐射西南、全国，最终远达海外。

几十年体育赛事经验的积累，老杨的规划看上去像在"画饼"，不过所有的"饼"都是真材实料，都是可以实际"品尝"的。之所以将这个"饼"的煎锅放在云南，无他，唯有情怀。

专业人做专业事，专业人将专业当作事业。老杨的"饼"不仅大，还一个摞一个。搭建青少年篮球平台只是第一步，通过日常培训、组建赛事，发现、培养苗子是第二步，建立青少年篮球人才库是第三步，最后完成培育云南篮球领军人物的宏伟目标，让三大球之一的篮球在七彩云南重振雄风。

还有一个更大的"饼"，不能说，只能默默去做：促成云南女篮俱乐部在新时代的绚丽诞生。

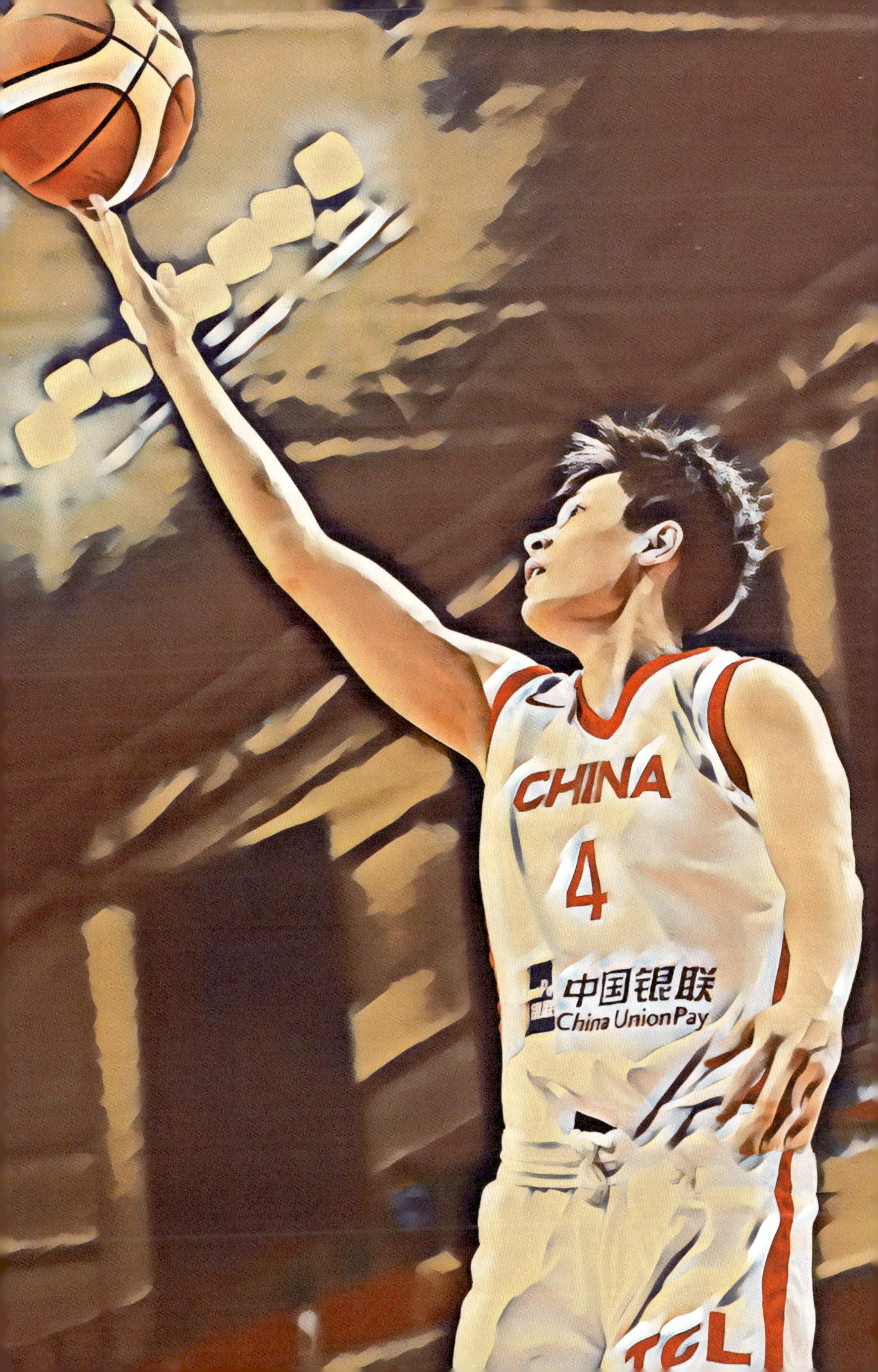
CHINA
4
中国银联
China UnionPay
TCL

第十章 · 礼物：MVP

中国女子篮球联赛（WCBA）始于2002年，实行主客场制。2017年，中国篮协公告2017—2018赛季的WCBA增加2支参赛球队至14支，赛制也简化为常规赛+季后赛模式。

2019年，女篮委员会第三次会议在北京召开，会议确定了新赛季WCBA相关日程安排以及多项改革措施。新赛季中，WCBA扩军至19支球队，新增内蒙古农信篮球俱乐部。季后赛到了球迷口中，改口为南北争冠。

广东女篮2011—2012赛季参加WCBA，时间上看，杨力维2013年加盟，也算得上元老级别，不仅是中国女篮职业联赛的参与者，也是见证者。

征战WCBA的广东女篮，全称叫广东东莞新彤盛女子篮球队，是如假包换的中国职业女子篮球俱乐部。主场设在广东东莞大朗体育馆。2007年以前球队标志为"木棉花"，2007—2018年球队标志为"海豚",2019年球队标志改为"朱雀"。

大朗体育馆既是主场,平常也是训练场地。位置在东莞市大朗镇体育路,为迎接第九届全运会(东莞赛区)篮球比赛而建。2000年由大朗镇政府拨款2500万元投资兴建完工。体育中心占地面积50亩,其中主馆占地面积8260平方米,固定座位3010个,可容纳3800人。主馆外的场地,除了停车之外,还有几个露天球场,供爱好者使用。

体育馆内有全套的篮球竞赛设备,并具有现代化体育馆的文艺演出和其他室内项目比赛功能。内装480冷吨的中央空调,有现代化的灯光、音响、电子显示屏,电子计时计分系统、电子信息网络系统、电视转播设备系统。消防设备、供电设备、供水设备也按高标准建设。

置身于这样的女子篮球俱乐部,杨力维杨舒予姐妹花鱼入大海,跃飞在广阔的"WCBA"空间。

2013—2014赛季,18岁的杨力维场上场下都非常抢眼,有心的球迷专门记录下了她在这一赛季的季后赛中浙江女篮对广东女篮的片段集锦。

身穿海豚 Logo标志1号球衣的杨力维,一举一动干练敏捷,在场外,利用暂停间隙,不失时机给队友送水。毛伟红点赞的随队"编外球员"主动背药箱、送水、捡球养成的良好习惯,此刻已经是主力球员身份的她,依然乐此不疲,视为当然之举。在场上,更是如高速游动的海豚,将后卫的作用尽情发挥,冲刺、抢断,三分球,哪怕飞身冲扑到场外的挡板也要救回一球,而且真的救回这一球,形成一次反攻……最终,还贡献了13分。

2018—2019赛季WCBA联赛,是杨力维职业生涯的关键赛事。从2018年10月20日到2019年3月23日,时间持续5个月,19支球队参赛,常规赛采取主客场制,常规赛两周五赛,参赛球队进行双循环,前8名进入季后赛中。季后赛分为三个阶段:第一阶段(四分之一决赛)、第二阶段(半决赛)、第三阶段(总决赛)均采用五场三胜制(2—2—1),常规赛名次列前的队多一个主场,季后赛采用交叉淘汰赛。

广东女篮一路向前,2019年1月19日,WCBA2018—2019赛季第34轮,常规赛收官战,客场挑战浙江女篮,以71∶57的比分战胜浙江队,凭借32胜2负的战绩排名榜首,获得常规赛冠军,如愿进入季后赛。

季后赛开赛,高手之间的较量才算正式开始。

3月23日,WCBA总决赛第五战在大朗体育馆进行巅峰对决。3月的东莞,气温保持在30℃以下,非常适合比赛。球迷早早赶到球场,提前酝酿助赛情绪,欣赏运动员热身的时刻。2支球队都有国家队选手,某种程度相当于国家队的队内练习。不过这是真刀真枪的冠军争夺战,尽管是国家队的队友,日常生活中的好朋友,此刻是不能相让的对手,必须一决高下。

球迷们饶有兴致地观看着女篮姑娘们的热身过程,听着播音员的讲解。主场的球迷期待着广东女篮的胜利,八一女篮的球迷

第十章 礼物：MVP

期望球队客场战胜广东女篮，比赛没有开始，场上的气氛热烈如7月的广东天气。

这样重要的比赛，当然少不了老杨夫妇。多年来，有杨力维的比赛就有他们夫妇俩的身影。总冠军决赛，他们早早安排好生意，驱车从广州赶到大朗，为女儿助阵，为广东女篮助阵。

老杨坐在观众席上，既是局外人，又是客串的篮球观察家，密切注视着场上的一举一动。妻子则专注女儿，用手机不停拍摄、录像，尽可能留下女儿的精彩表现。

比赛开始，夫妇二人看到女儿快速突破上篮成功，无比欣慰；看到女儿强攻上篮，马上目不转睛，关注所有细节；看到女儿3分进球，仿佛喝了一口可乐那样舒心；看到女儿争抢中差点摔倒，嘴巴张开但是不敢发声，怕惊扰到女儿，影响场上的发挥。

老杨除了关注女儿的动作，还关注她的情绪。看到女儿的情绪一直稳定，斗志始终昂扬，他不由微笑赞许。女儿成熟了，在她的组织下，广东女篮的姑娘们进攻流畅、防守有效，始终掌握着场上的主动权，特别是三分球，成功率远远超过八一女篮，因此比分也一直领先。按照这样的趋势，广东女篮获胜趋势已定。

趋势已定，老杨关注点转移到总决赛MVP（最有价值球员奖）最终花落谁手？从情感上，他希望是女儿杨力维，但是技术数据更有说服力，这个赛季，表现抢眼的女儿，技术统计数据助攻总数222位列第三，抢断总数74，也是位列第三，尽管表现不凡，都是过去了的数据，与此场比赛的MVP无关。果然，最终是19岁的李月汝当选总决赛MVP。

生活是美好的，知足者常乐，获得赛季总冠军，女儿的篮球生涯又踏上一座山峰。何况是同在广东女篮的姐妹两人一起拿到的总冠军。人间不如意事十有八九，有点缺憾，已经是人间如意事十有八九，满足了。

赛后，老杨问女儿，拿到总冠军的感受爽不爽？女儿看着他，冷静地回了一句，不就是一场比赛嘛，这一场结束，就是下一场。翻篇了。

老杨哈哈笑了起来，果然是拿过大奖的女儿，志向高远，不以物喜，情绪把控到位。

很快，2020—2021赛季到来，杨力维的职业生涯出现变化，老杨想驱车80公里随时看望女儿的路程变为需要坐飞机才行了。

事情是这样的，2020年，时任广东女篮的助理教练郑薇，转任内蒙古女篮主教练。内蒙古女篮的决心很大，成绩剑指总冠军。郑薇的任务就是带领球队摘取总冠军桂冠。

为了完成这一目标，郑薇力主将广东女篮的李月汝、杨力维、黄思静和同为"国字号"球员的李缘以租借的名义引进，杨力维担任队长。

从聘任郑薇做主教练，到通过郑薇的人脉组建球员，这是恰到好处的大手笔。上赛季广东女篮已经获得总冠军，名声在外。如今租借主力球员到内蒙古女篮，既可以得到一笔不菲的租借费,又可以让新球员得到锻炼,俱乐部可谓名利双收。

2018年12月,广东女篮还在2018—2019赛季征战,内蒙古女篮方才宣告成立,告别了内蒙古没有球队参加三大球联赛的历史。从炎热的东莞来到辽阔的草原城市呼和浩特,杨力维虽然新鲜感十足,但是深感队长的担子分量比在广东重了许多。

郑薇点的将,内蒙古女篮对她们四个"国字号"球员充满希望,杨力维感受到了破釜沉舟的决绝在空气中弥漫。

内蒙古女篮李月汝、杨力维、黄思静、李缘足以构成一支国家队女篮主力阵容,放眼联赛球队,四川女篮因其拥有李梦、高颂,新疆天山女篮有韩旭、王思雨这些同为国家队女篮成员的主力,具有对手力量。但是5对2,内蒙古女篮的实力还是略略高过四川女篮、新疆女篮一筹。

万事俱备,东风已到,内蒙古女篮冲刺总冠军的时间到来,如预想的那样,内蒙古女篮闯进决赛,跟另一支杀进决赛,同为西部球队的新疆体彩女篮争夺总冠军。

2021年1月1—5日,新疆体彩女篮与内蒙古女篮在蚌埠体育中心体育馆展开冠军争夺战。原定的7场比赛,因疫情改为3场。1月1日一场、1月3日一场、1月5日一场。三战两胜者摘冠。

一场与国家队队友韩旭、王思雨的巅峰决战开启。

比赛开始,两支球队实力水平相当,靠的是临场发挥。比赛打得异常激烈,打到最后,对方打个3分,杨力维回个3分,对方打个2分,杨力维回个2分,最后内蒙古女篮胜出,实现两连胜,提前夺冠。老杨看完以后忍不住流出眼泪，心情异常激动。心里想的是：姑娘走到今天实在不容易。心情平复之后，老杨马上将各种数据、分值发给女儿。

算什么？算MVP数据。算算这场决赛下来，杨力维是否能得到这个期待已久的荣誉。这是女儿向他承诺的礼物。今天，他希望得到这份礼物。按照他的统计数据，这份礼物已经收入囊中。

终于老杨忍不住，给女儿发了一条信息：第一就是祝贺你，第二就是你答应我的MVP你兑现了。杨力维回来的信息是：我还要继续努力。

颁奖仪式宣布MVP"最有价值球员，她就是黄——思——静"的时刻，老杨愣住了，不敢相信自己的耳朵。可是电视屏幕上，他亲眼看着黄思静就在女儿身边，亲眼看着黄思静右边膝盖裹着厚厚的纱布走上领奖台。老杨打个咯噔，不会呀，是不是我算错了？又打电话咨询了其他专业人士，心中一百个不理解。最后，女儿电话来了，说爸爸，思静表现也很好，她值得这个MVP。因为思静半决赛一直在受伤，到了总决赛才出来打，突破能力强，三分球投得很准，帮助球队取得了胜利，所以她值得拿这个MVP。老杨知道女儿跟黄思静住一个房间，从小在一起长大，关系像姐妹一般亲密，做父亲的那个心啊，各种滋味涌上来，不知说什么，最后女儿的一句话让他更加感动："爸爸，相信我，明年我送你一个MVP。"

这段只属于老杨、杨力维父女之间的秘密，一直鲜为人知，放在本书，也是对这段记忆的一段补白。

看着姚明将总冠军的奖杯送到女儿队长的手中。看着女儿双手接过奖杯，高高举过头顶，笑容满面欢呼庆祝的现场，想想这是女儿的第二个总冠军奖杯，稍许得到一点安慰。他记住了女儿的话：明年我送你一个MVP。

这场球赛带来的影响力可以说是划时代的，关注女篮的球迷日渐增多，也是篮球运动的一次大范围普及。1月5日的第三场比赛，冠军已出，胜负已经无关紧要，最终成绩为2∶1。

因为女儿的一句话，老杨期待着新赛季早日到来。

新赛季如期到来，2021年11月14日，2021—2022赛季WCBA的大幕在成都温江体育馆拉开。

相比于往届联赛，这一赛季WCBA还是分为三个阶段进行。其中，第一阶段时间为11月14日至12月18日，所有参赛球队进行单循环比赛。第二阶段时间为12月20日—21日，第一阶段排名前四的球队直接晋级季后赛，排名5—12的球队进行交叉淘汰赛，一场决胜制，获胜的4支球队进入季后赛。第三阶段为季后赛，时间为2021年12月25日至2022年1月4日。

四川女篮大手笔邀请韩旭、李梦、孙梦然等国手加盟，加上邵婷等人，几乎占据了中国女篮的半壁江山。内蒙古女篮则是另一半中国女篮，实力相差无几，别的队几乎无法与这两支球队抗衡，说这一次联赛是内蒙古女篮跟四川女篮2支超级球队的对决，一点也不过分。

事实也是如此，四川女篮最终以17战全胜的傲人战绩结束常规赛征程，内蒙古女篮以16胜1负位居第二。内蒙古女篮输的这一场是第15轮的比赛，均保持全胜的四川女篮与内蒙古女篮狭路相逢，在这场被视为总决赛预演的比赛中，四川女篮以3分优势取胜。

　　一直关注比赛的老杨此刻已经坦然。他希望内蒙古女篮卫冕成功，那样的话，女儿将是WCBA联赛的三冠王，达到国内女子篮球职业联赛的顶峰。不过他的头脑始终保持着清醒的判断。2支球队水平不相上下，胜负取决于临场发挥。决赛在成都，四川女篮有主场优势，胜利的天平倾向角度略大一点。

　　他还希望的是女儿这一次能够实现MVP的梦想。从前面的比赛状态来看，有希望。但有希望不代表能够在最后的决赛中保持最好的状态，韩旭、李梦占据主场优势，是MVP强有力的竞争者。

　　所以老杨绝口不提这件事，心有杂念则事不成，他不想给女儿增加负担。况且，就算拿不到MVP，也不会影响女儿在球队的价值和能力。

　　只不过，拿到MVP，女儿的职业生涯才算圆满。每一个运动员都有最佳的运动周期，这一次拿不到，老杨担心以后会更加困难。

　　老杨期待着女儿的圆梦时刻。

　　哨声一响，比赛开始，果然是相当于国家队主力的对决，相互了解，都知道对方的弱点，一开赛便你来我往，互不相让，双方比分一直胶着，直到上半场结束，比分才拉开一点点差距，内蒙古女篮42∶47落后四川女篮5分。

　　成都的球迷沸腾了，欢呼、歌唱、喊口号，整个体育场成为沸腾的海洋。5分的差距就是一个三分球加一个两分球的差距，此刻的战术部署完全看教练的水平和胆识。凭着对郑薇的了解，他相信下半场情形会有改观，女儿的表现也会有改观。第一场决赛，女儿贡献了12分6篮板5助攻。不算优秀，可以及格。但是这一场比赛，上半场的数据就超过第一场全场的数据，看得出来，女儿下半场即将进一步爆发。

　　下半场内蒙古女篮队队员李月汝内线造成对手犯规，两罚命中，将分差缩小到1分。双方相持到第三节快结束时，四川女篮连续2记三分球命中，内蒙古女篮再次落后5分。

　　关键的第四节，最后的决战打响。焦虑的老杨看到女儿果然爆发，一记底角三分球吹响反攻号角，双方快攻快进，分差再次缩小到1分。在杨力维、李月汝的出色发挥下，比分战平。内蒙古女篮信心大增，黄思静三分进球反超比分，四川女篮不得已采取犯规战术，依靠李梦的三分球将分差追至1分，可惜时间不给四川女篮反击机会了，最终，内蒙古女篮以87∶86赢下比赛，斩获2021—2022赛季WCBA总决赛冠军。

　　看看本子上女儿的技术数据记录：30分6篮板6助攻。这一次，总决赛的MVP跑不掉了。

结果不再有悬念，主持人宣布杨力维荣当总决赛的MVP，杨力维在队友的欢呼下轻快踏上领奖台。这一次女儿板板扎扎拿了个MVP送给他，此刻的他沉浸在做父亲的幸福中。

领奖台上，"我自不凡"四个大字，已经说明了一切。

都说姐妹情深，父女之间的情感亦然。当大女儿的心愿完成，紧接着想到的那个人当然是小女儿杨舒予。尽管他知道小女儿也在观看颁奖仪式，也知道了姐姐是总决赛的MVP，他还是给小女儿发出信息。他的愿望，当然是期待小女儿在未来的某一天，在WCBA得到这个最有价值球员的荣誉。年龄比姐姐小7岁的妹妹，在联赛中已经有出色的表现，完成这一梦想，用一句歌词回答——她的未来不是梦。

从"左手左脚"到16岁联赛的插班生，到2018—2019赛季，身披广东女篮战袍，跟姐姐携手，冲锋陷阵，夺得赛季总冠军，到18岁正式加盟WCBA，妹妹一直在逐梦，特别是这个赛季总冠军头衔，是姐姐的第一个WCBA总冠军，也是妹妹的第一个WCBA总冠军，但是妹妹提前了7年。所以在接下来的某个赛季，MVP不是未来的梦，是设定给未来的"小目标"。

对小女儿的底气是这个16岁的插班生，17岁就迎来WCBA首秀。那是2018年12月份，具体时间记不得了。老杨边回忆边说。

广东女篮对武汉女篮的比赛，广东女篮以92∶50大胜，杨舒予登场11分钟，5分1助攻2抢断1盖帽。凭借这个成绩，杨舒予参加了本次全明星周末的星锐赛，得到首秀的机会。当然也跟她常规赛的表现有关。那个赛季的常规赛，杨舒予一共出战10场比赛，场均11分钟，拿下4.2分1篮板1.6助攻。

能力和天赋之外，杨舒予的职业篮球道路应该说运气还是不错的。2020年，以广东女篮队队长杨力维为首的几个国家队主力被租借到内蒙古农信女篮，杨舒予这样的年轻球员得到更多锻炼成长的机会，在联赛中挑起了大梁，缩短了成长的时间，拓展了历练的空间。当姐妹俩在联赛中以对手的身份相遇时，面对面的较量，更是妹妹难得的成长机会。

最让老杨舒心的是2021年12月23日，在成都市温江体育馆举行的全明星赛事。赛事设置南北对抗赛、三分球大赛和技巧挑战赛3个项目，杨舒予入选南北对抗赛的南方队、三分球大赛。巧合的是，姐姐杨力维入选的是北方队，姐妹花携手站在WCBA全明星舞台，当天，是真正盛开的篮球花朵。

姐妹花双双出场的时刻，老杨夫妇原计划亲自到场，可惜事务缠身，只好看直播。夫妇二人泡好茶，款款地坐在沙发上，等待着姐妹俩的出场。

全明星赛的主题通常不以比赛的胜负为主，而是宣传体育精神、诠释篮球的快乐，重点是推广和普及，让球迷和球员放下比赛的包袱，共享篮球的快乐。球员才出场，老杨就开心地大笑起来——30个全明星球员，哗啦啦冲上球场，都戴着熊猫帽，穿着"休闲"球服。南方队的球服是粉色条纹配白色条纹，北方队的则是紫罗兰色配白色条纹，一时间，老杨都找不到姐妹俩。妻子指给他，他才开心地说："对，对，就是。"

音乐声中，姐妹花、李月汝、李梦、韩旭、王思雨、黄思静等30名球员扭动身躯，担当起平时比赛的啦啦队角色，跟观众互动，不时做出一些滑稽的动作，引得球迷哈哈大笑。

轻松的表演，放松的心态，南北两队球员的友谊此刻展露无遗。老杨夫妇关注着姐妹花的一举一动，脸上洋溢着满足的笑容。

接下来，南北明星队开赛。哨声一响，比赛在轻松的气氛中开始。老杨夫妇也饶有趣味地"隔岸观火"，看着姐妹花在场上"火拼"。

开场一分钟后，球员的职业素养回归，斗志回归，比赛渐渐激烈，渐渐带上争斗的意味。场上几次出现姐妹花对决的时候，老杨看到一个有趣的现象，姐妹两个互不相让。姐姐跟妹妹正面"硬刚"的时刻，姐姐胜过一次，妹妹就要回敬一次。姐姐有检验妹妹能力的意图，妹妹则有超越姐姐的念头。

"这就对了。小的时候教练及其队友说，'这是力维的妹妹'，她就会说，'我有自己的名字'。"采访老杨时，说到当时看到的这一细节，他竖起了大拇指。"姐妹两个是独立的篮球个体，代表不同球队站在球场上就是对手，就要敢拼、敢斗，特别是妹妹，以她的身体素质和能力，就是要有战胜姐姐的野心。"

接下来的三分球大赛，更是老杨夫妇津津乐道的。杨舒予投篮的时候，老杨扭头对妻子说："看看，比小伙子的手硬。"妻子也开心回应："看你高兴成什么样了。"

身为综合发展型的三分球射手，本次联赛杨舒予表现最好的一场比赛是面对江苏女篮三分球9中5，得到23分。她场均5.8个三分球出手，命中2.2个，命中率达到37.8%，本赛季命中37个三分球。就在老杨夸奖杨舒予的时候，杨力维在篮下出现，为妹妹捡球。

"姐姐就是姐姐，这也是姐姐能当队长的原因。对妹妹这样，对队友也是这样。"回顾当时的这一幕，老杨以这样的方式夸奖姐妹俩。

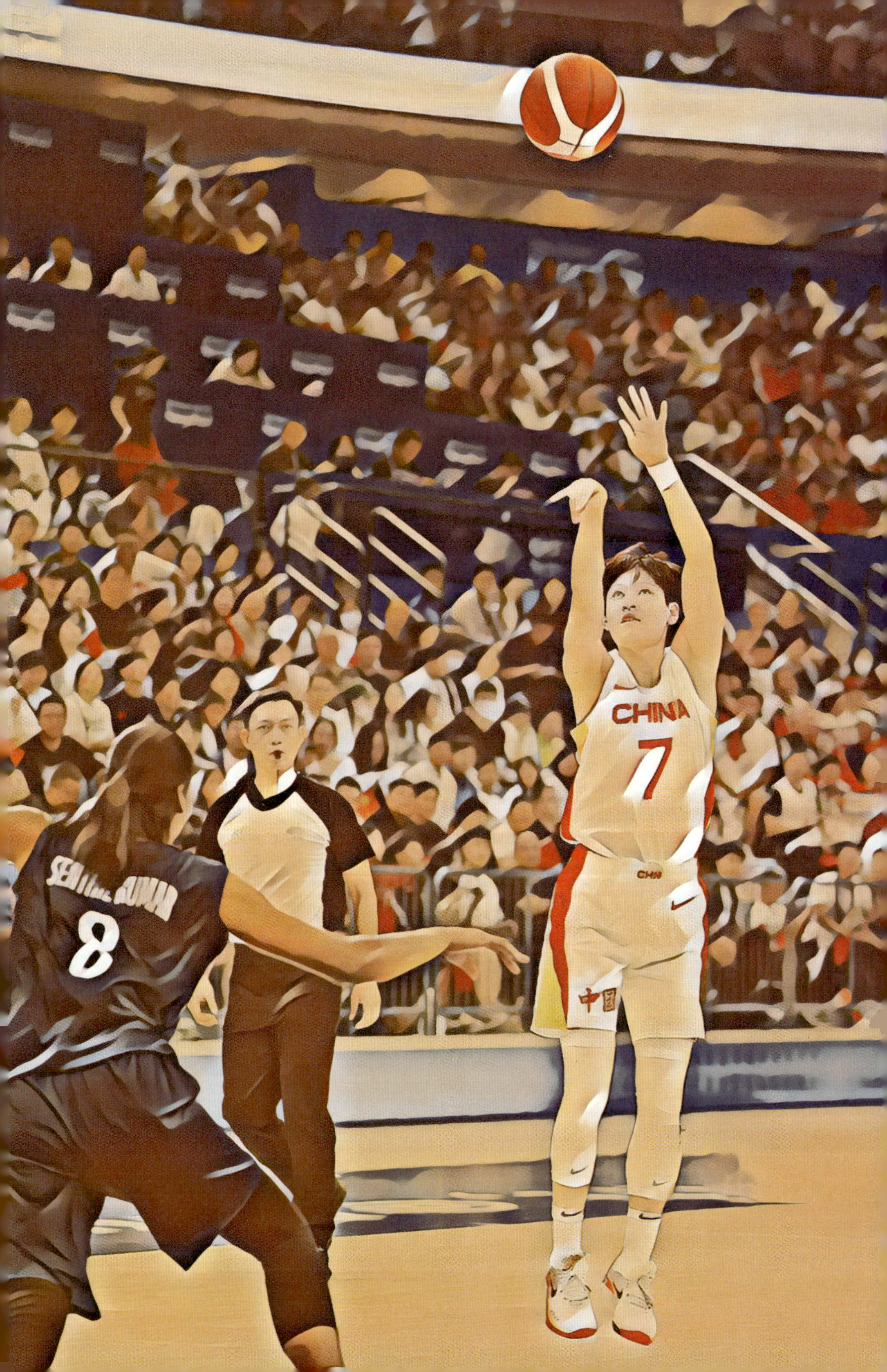
CHINA
7
CHN
中国
8

第十一章 · 奥运之梦

有意思的是姐妹两人仿佛命运注定要她们联手征战，完成各自的使命。2022年底，杨舒予也被租借到内蒙古农信女篮，与姐姐携手征战WCBA。

这是难得的机会，姐姐有机会言传身教，妹妹可以在实战中跟姐姐学到更多的技巧、经验、篮球意识。

杨舒予对呼和浩特不陌生，2018—2019赛季WCBA全明星周末呼和浩特站的比赛。她就在这里闪亮登场。尽管她戏称当时是"菜鸟"，但其实已经展现出娴熟的技艺。此次加盟内蒙古农信女篮的目的，就是跟随球队冲刺联赛总冠军的三冠王目标。

遗憾的是内蒙古农信女篮三冠王的梦想受到四川女篮的强烈阻击，总冠军易手四川女篮。不过，姐妹俩的实力摆在那里，仿佛凤凰飞舞，引来好运连连。

杨力维的好消息是她渴望加盟的WNBA再次向她敞开大门。

2023年2月20日，美国女子职业篮球联赛（WNBA）洛杉矶火花队宣布，正式与中国女篮后卫杨力维签约。这一次，俱乐部一路绿灯，欢送杨力维奔赴全球顶级女篮职业联赛。

"道固远，笃行可至；事虽巨，坚为必成。感恩所有帮助我的人！接下来我会继续努力，好好珍惜。"

——已然成熟、强大的杨力维如是淡定回应。

跟杨力维几乎同一时间加盟WNBA的还有韩旭，后期还有李梦、李月汝。李月汝在WNBA打了个"蘸水"之后，转战土耳其女篮职业联赛，2024年初也加入洛杉矶火花队。当然这是后话。

妹妹杨舒予的好消息则是入围新一期的中国女篮集训名单，本赛季再次入选WCBA全明星阵容。

2023年12月30日，我想买一张中国女篮巴黎奥运资格赛门票，以此告别2023年，证明至少有一个云南人始终关心中国女篮，关心杨力维、杨舒予这对篮球姐妹花。

杭州亚运会，姐妹花完成了亚洲之巅的联袂出战，这次巴黎预选赛再次携手，"准顶峰相见"的场面是不容缺失的环节。历史环环相扣，中国女篮的征战史不能少了这一环。

自从头脑里有了"顶峰相见"这个词，有了姐妹花携手奥运赛场的设定之后，就被强迫症压制，动不动就闪出这个场景。总是想着假如姐妹花真的携手征战巴黎奥运会的场景。杭州亚运会的环节有了，西安预选赛的环节也不能少。

比赛有3场，一场对新西兰，一场对法国，一场对波多黎

第十一章·奥运之梦

各，3场都买还是只买1场？如果选拔赛不是在春节这个时段，3场票全买。犹豫片刻之后，决定先买对法国这场比赛的门票。理由很简单，买门票不是为了看比赛，是为了完美结束2023年，将杭州亚运会中国女篮对日本女篮经典的一幕带进2024年。

为一张门票自己跟自己缠斗了足有1个小时之后，终于不再纠结，果断下单。

下了单，又有新的担忧。12月29日，中国篮协公布了15人集训大名单，姐妹花均无意外入选。问题是这15人当中有3个将会落选资格赛，如果杨舒予不能入选12人名单，资格赛姐妹花同场征战的佳话将缺失，这可是大大不妙，也是球迷，尤其是"小羊"迷伤透心的结果。

不到最后一刻，这个"靴子"不会落地，相信不仅是我，关注姐妹花的球迷都在为此揪心。

只要姐妹花能在奥运球场携手出战，不论结局如何，都将是巴黎奥运会的一大佳话，对女篮的社会影响是行动中的广告。

2月7日，谜底揭晓，姐妹花果然在12人名单中，将携手参加预选赛。

完美的进程。球迷对姐妹花的期待又上了一个台阶。

其实就在之前的2月4日，一番电话之后，已经不再犹豫去与不去，马上订机票，坚决去西安观看中国队对法国队的比赛。

那一天，我拨通了老杨的电话，征求他的意见，说明来意，想在之前的基础上再写一本姐妹花成长经历的纪实图书，提供给云南省的青少年，让姐妹花成为青少年励志的榜样。考虑到姐妹花在全国的影响力，特别声明，纯属宣传。为了写好这本书，需要采访姐妹花，所以向他寻求帮助。

老杨一听，欣然答应。答应归答应，接下来的一番话让我有些担心。

老杨说他没有问题，全力支持，但是要征得姐妹俩的同意。等春节到西安，当面说这件事。

听到这里，我急忙插话："回不回昆明？"

如果一家人回昆明，那是再好不过的机会。

可惜老杨说，不回昆明，等女儿在西安打球结束，在西安过完春节后，就去海南度假。日程已经安排好。

"那么你们几号去西安？"

老杨回答说，过完大年三十就去。

"那么能不能在西安跟你们一家人见个面？"

"暂时不行。我还没有给姐妹俩说这件事，她们没有答复之前我无法答应你。就算姐妹两个答应了，还要跟俱乐部的人说一声，看那边是否同意。所以……"

理由合情合理，还能说什么，放下电话，我当即订了大年初一早上飞西安的机票。

为了最终的采访，这个决定必须有。到西安，就算见不到姐妹花一家人，也要让姐妹花知道我希望采访的诚意。

2月10日下午，如自己的约，早早到达西安奥体中心体育馆。880元的票，2楼7排，居高临下，不想在外耽搁时间，大步走上台阶，走进球馆，做个笨鸟先飞的观众。

2楼的视野果然开阔，球场上，法国队球员在练球、熟悉球场。陆续有工作人员、观众进来。嘭嘭嘭地运球、篮球打在篮板上的声音异常清晰，仿佛即将苏醒的早晨短暂的那一刻安静。

趁着这份安静，拨通一个篮球记者朋友给的电话号码。号码的主人岩真，是从云南省普洱市西盟佤族自治县的一个小寨子走出来的篮球运动员，孩童时代，因为寨子里有一个简陋的黄土篮球场，喜欢上了篮球。初三时，有个很喜欢打篮球的前辈刚刚考了公务员，恰好来岩真读书的中学打篮球。前辈看他穿个人字拖，个子小小的却运球挺流畅，就鼓励他好好打球。"小伙子以后去西盟一中打球吧。"

受此鼓励，岩真高中毕业后考上了云南体育职业学院，三年专科之后，通过篮球统招的方式考上了云南民族大学，然后如愿以偿打上了中国大学生篮球联赛（CUBAL）。老杨说，按岩真的说法，以他文化课的成绩，考上云南体育职业学院已经是极限。多亏了篮球，才能以项目统招的形式考上专升本，进了云南民族大学，最后通过篮球找到了工作。篮球记者朋友说这个小伙是杨力维的粉丝，跟他说过想来看比赛，可以问问他的感受。

拨通电话，一口云南话，一问，真的在现场。得知来意，小伙子很有礼貌，说我过来。

等岩真过来时，我暗自惊讶，好精神的小伙子，眼神放光，皮肤比他西盟老家的人明显白一些。最引人注目的是他穿着一件杨力维亲笔签名的3号球衣。说到杨力维，岩真马上说："女篮的比赛，我也是四五年前开始看的，当时听说中国女篮有两个来自云南的球员，水平很高，就看了一些，这才知道是杨力维和杨舒予姐妹俩。结果一看就成为铁杆球迷：杨力维就是我很想学习的那种球员，她本身有很强的进攻能力，速度很快，但从来不争比赛数据，在场上专心做好防守和组织的工作。杨力维的灵活脚步和拼搏精神很吸引我，她也是在用实际表现鼓舞着我这样的小个子球员。"

接下来的交谈更让我吃惊，这个来自边寨的岩真，因为篮球，不仅视杨力维为篮球偶像，还具有了职业篮球人士的格局，关注各种篮球新闻，其中有个说法我是挺赞同的，大致意思是，中国篮球就是一个大的班级，中国男篮只是其中一个现阶段成绩没那么好的学生，但女篮、民间篮球什么的，成绩挺好。

更不可小看的是，岩真在篮球上还有自己独到的见解：我觉得不用只盯着中国男篮，现在自媒体很兴盛，很多篮球网红都拥有大量的粉丝，吸引着小孩子走上篮球场，去真真切切地接触篮球。我觉得我国的篮球人口会越来越多，趋势是往上走的，未来会不断变好。

说到这里，我忍不住问岩真签名球衣的来历。岩真爽快地说："是一位采访我的记者帮我要来的。到目前为止，中国女篮当中我最喜欢的还是杨力维，没想到人生第一件签名球衣就是她的。"

第十一章·奥运之梦

还想继续交谈，进场的观众渐渐增多，岩真要去跟他的啦啦队会合，匆匆跟我告别。

此刻场馆内自由组合的啦啦队已经跃跃欲试，我前面的球迷，已经展开红旗，跟着场馆音乐摇摆身体，提前预热。众人都在年初一的慵懒中享受着中国女篮大比分战胜新西兰的快乐，等待这场比赛的胜利，等待中国女篮在大年初一拿到奥运入场券。基本统一的是，现场的观众，基本渴望中国女篮战胜法国女篮，获得二连胜。

我也这么想，大过年的，从昆明到西安，就为这场球赛，带着胜利的满足离开，不算过分吧？

锣鼓声中，两队球员在场上进行适应场地、投篮、热身等练习。姐妹花赫然在目。第一次近距离看到英姿飒爽的姐妹俩，心情有些激动。尽管只是在观众席上，总算见到真人了。望远镜镜头下姐姐一如之前在电视画面看到的那样，专注、严谨、一丝不苟。妹妹俊朗的笑容，犹如英俊少年那样飘逸，怪不得有那么多的"小迷妹"为她倾倒，成为她的铁杆球迷。

此时此刻，面对法国女篮，比赛即将开始，那种与新西兰女队战前的自信还是被谨慎和不易觉察的松懈带出了些许的紧张。

我虽然不是篮球的行家里手，对自己的观察判断还是有自信的。热身的女篮队员身上，这种少许的松懈是肯定的。今天是大年初一，大年三十的年夜饭还没有彻底消化，无论多么严格的纪律，不说女篮姑娘，所有在外的游子都会思念家乡，中国人基因释放的休息意念或多或少会注入春节期间女篮队员的意识中。包括身边的观众，激情之外，春节的休闲感跟赛场的节日气氛遥相呼应，无形中节日气氛上升、比赛氛围减弱。

中国队的主场强度，遇到大年初一这个时间节点，无意中被降低了。

胡思乱想中，开赛时间临近，双方队员按照正式的仪式，播音员报名一次，运动员出场一个，小跑进场。这种场景，给足运动员面子，让观众有机会单独领略每个运动员的风采，体育的魅力就是这样无可抗拒。

听到杨力维名字的时候，场上欢呼声四起，我马上站了起来。注视着运动员队伍。这是对中国女篮的尊敬，也是对中国女篮队队长的尊敬，还是对云南球员的敬重，更是对亚运会旗手的起码礼貌。

播音员通知全体起立，演奏国歌。全场观众肃立，与女篮队队员齐唱国歌。歌声在球馆中来回激荡冲撞，汇合成浩然之气，令人血脉偾张。

中国队王思雨、杨力维、李梦、黄思静、韩旭首发，保持上场比赛的阵容。法国队首发阵容是39号球员杜谢、11号球员阿亚伊、15号球员威廉姆斯、13号球员萨朗和22号球员巴迪亚内。

比赛还有一分钟左右的时间，现场麦克风大声吼叫着，开始激活球迷的情绪。如今的中国球迷，不管是在国内还是国外，只要有中国女篮的地方，就有中国球迷的支持，而且中国球迷也有这个神奇的"超能力",无论在哪里,都能够把比赛场地变成中国队的主场。

一声哨响,大年初一,万众球迷期待的比赛开始了。韩旭在中圈跳球,因为她的身高,法国队选择放弃,但是拼抢中造成黄思静的犯规。

这样的开局,随着法国女篮开场就采取压迫性的防守,拿出跟中国女篮缠斗到底的架势,加之以快打快的手法,马上给中国女篮施以压力。僵持几分钟后,中国女篮迟迟不在状态,在对手的贴身紧逼之下,投篮不进、进攻乏力,比分渐渐落后。

法国队则越打越顺,手感越来越好。在打乱中国女篮的节奏之后,快节奏的进攻逼得中国女篮被动跟着她们的节奏打。频频得手的三分球,让中国女篮四面楚歌,除了李梦一枝独秀,全队哑火,远投不进、强攻不进,精妙的配合到篮下,平常的必进球,就是不进。

这不是2支实力相当的球队之间的比赛,完全是中国女篮打新西兰女篮的翻版。

观众急了,铺天盖地的加油声此起彼伏,希望中国女篮扭转颓势。可惜,胜利的天平始终在法国队这边。

中国女篮,被打蒙了。

从2022年中国女篮获得世界杯亚军以来,所有的国际赛事、拉练赛、友谊赛,所向披靡。

中国女篮习惯了胜利,球迷习惯了胜利,忽然间迎头一盆冷水，浇蒙了所有人。

最先清醒过来的是主教练郑薇。当她意识到比赛结果已经不可逆转的时候，始终保持着主教练的清醒和冷静，在第三节的时候将杨舒予派上场。

近乎极致的压迫式攻防之下，让年轻队员体验这种严酷的比赛，是高瞻远瞩的安排。对杨舒予这样有成长空间的球员，尤其需要这种比赛的磨炼。国内联赛表现抢眼的杨舒予，也迫切希望能在这样真刀真枪的世界级篮球战场上磨炼。

上场的杨舒予敢打敢拼敢投篮，表现欲望十分强烈，她也知道这场比赛的结局已定，从场上的表现看，她也没有将结局放在心中，而是抓紧这难得的机会，不负教练、不负球迷、不负一个国家队队员的操守、不负女篮精神，在过程中努力，让个性在这样的大战中释放。

尽管表现不尽如人意，但是她始终不放弃，她的硬朗一如既往。绝对主力都哑火的情况下，她做她应该做的和必须做的。

第四节我一直期待的场面出现了。杨力维上场，姐妹花携手对战法国女篮。

这是能否前往巴黎奥运赛场的最后一个环节：姐妹俩携手参加预选赛。有这个环节，最后的谢幕才是最完美的。

感谢郑薇主教练，给了姐妹花这个机会，给了球迷这个机会。若干年之后，当球迷谈起女篮往事，这段佳话必定会以更浪漫的形式出现。那个时候，球迷才会更加眷念姐妹花携手的美好、篮球的美好、体育的美好。

再者，郑薇让姐妹花同场的安排，是否有更深层次的考虑？比如寻找布局姐妹花搭档的战术新阵容？观察一旦姐妹花形成默契之后的战斗力？

当然，最切合实际的考虑是让姐姐带妹妹，在败局已定的情况下，激发妹妹的斗志，获得新的领悟。

无论何种考虑，这场比赛的经验杨舒予都将获益终身。

当然，我非专业人士，只是就事件本身进行猜测。此刻的主教练，派出姐妹花同场，都是出于比赛的需要。

一个敢于接受失败、敢于练兵的主教练，才扛得起中国女篮这杆大旗。

比赛结束，坦诚的郑薇没有回避失败，诚恳地向全国球迷道歉，大过年球队打了一场很臭的球。至于原因，她没有藏着掖着："因为我们很久没有和像法国女篮这样的球队交锋的缘故，我们在比赛一开场就对对手的防守强度非常不适应，法国队的防守打乱了我们的节奏，我们没能及时调整好心态。"

这个解释球迷完全能接受，中国女篮并不是实力不如对手，而是因为太长时间没有打这样高强度的比赛，导致球队没有适应，发挥失常，这并不是中国女篮应该有的水平。

那么，不至于输给波多黎各吧？

我自己笑了，一场比赛失利，就担心必胜的下一场？那样的话，这支队伍还是中国女篮吗？

不再为此纠结，起身奔赴机场，返回昆明。

到达机场的时候，给老杨发了个信息，告诉他我已经看完球赛离开，祝全家春节快乐，春节后等待着他的好消息。

"OK。"——老杨的回复让我收到了2024年大年初一的最后一份礼物。

大年初一，到达西安，在古老的省城领略了现代化高科技体育馆风光，是第一份礼物；遇到云南球迷，是第二份礼物；观看了姐妹花同场征战，是第三份礼物；见证了中国女篮的挫折，是第四份礼物。

"OK"是最后一份礼物，希望能圆了采访姐妹花的心愿。

第二天，我守在电视机前，观看中国女篮对阵波多黎各女篮的直播。不出所料，中国女篮稳扎稳打，以105：69大胜波多黎各队，锁定巴黎奥运会的参赛资格。

胜利在预料之中，令人惊叹的是中国女篮状态恢复之快，比赛中完全没有头一天失利的阴影，屏幕中看到的是那支百折不挠、所向披靡的中国女篮。大比分领先之后，郑薇也不受对战法国失利的影响变得保守，依然安排杨舒予出场。

失败没有改变结局，倒是给中国女篮一记当头棒喝的猛捶，某种程度上，还要感谢无出线之忧法国队的全力以赴。

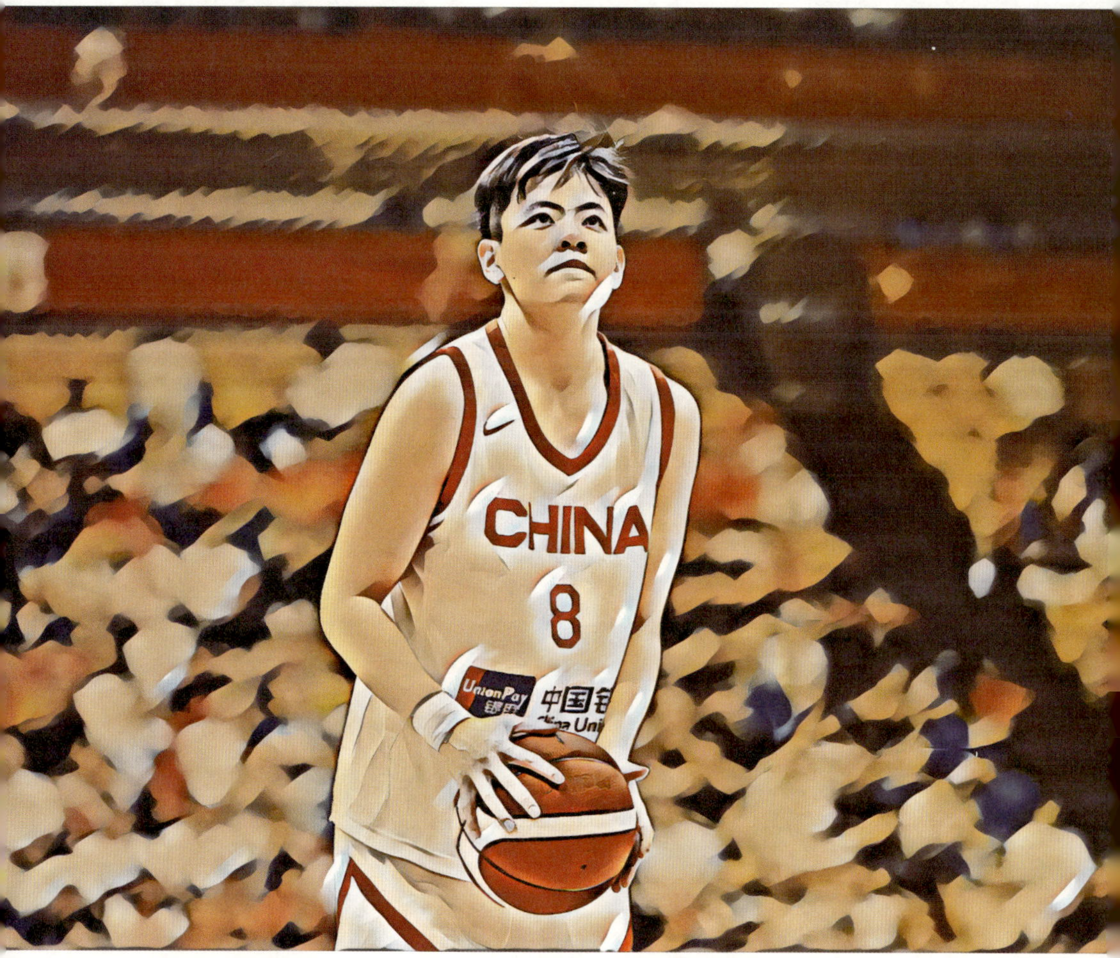
CHINA
8
UnionPay

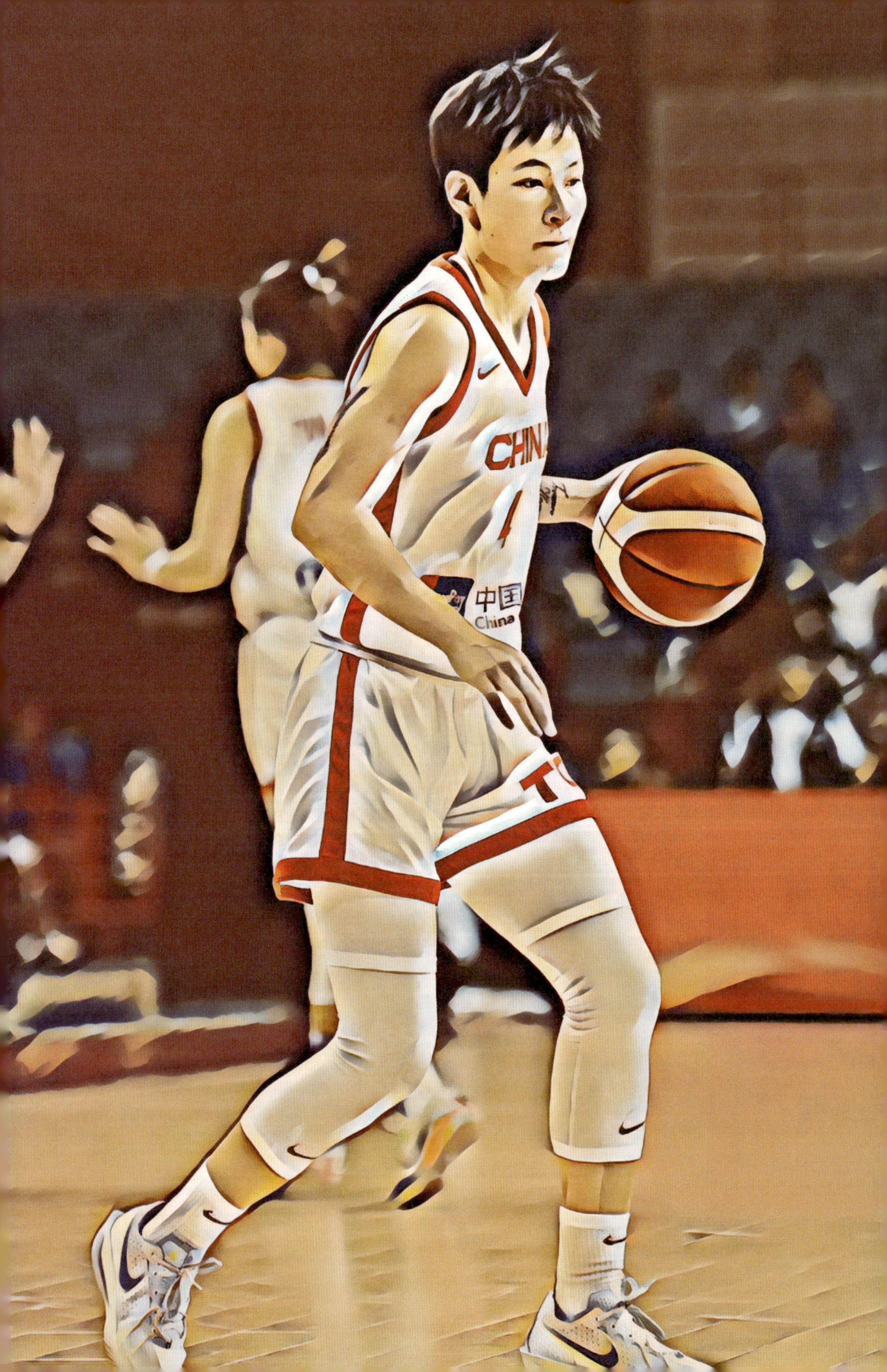
CHINA
中国
China

第十二章 · 巴黎相见

再次联系东莞女篮俱乐部的李总，终于得到肯定的答复，同意采访，考虑到赛事的安排，时间定在3月23日，26日东莞对上海客场比赛之前。

适逢中国报告文学学会、广东省作家协会联合主办的新时代报告文学高质量发展峰会在广州白云国际会议中心举行。会期是3月21—22日，我受邀参加会议，恰好接上采访时间，会议期间得以在广州做了一些采访准备，东莞之行更加顺畅。

在不绝的道路、房屋、树木的海洋中穿梭不息一个半小时后，上午10时40分，网约车进入大朗镇，在城区的大道上行驶。

穿过几个路口之后，网约车到达大朗体育馆，东莞新彤盛女子篮球俱乐部的主场所在地。

李总带着杨舒予到北京参加一个商业活动，安排他的助理小黎接待。姐妹花少一人，难免失落，但是错过这个机会，不知道要等到哪一天。

　　年龄不到20岁的小黎，青春气息展露无遗，到俱乐部不过半年时间，体育圈爽朗的痕迹已然渗透在其行动上面。见面寒暄之后，他带着我走进体育馆，说力维正在训练，暂时不能采访，要等训练结束。

　　这小哥，正常情况下要喊杨力维"姐"才对，这个称呼，随口而出，如此自然。"平常都这样称呼杨力维？"

　　小黎点点头："大家都这么叫，习惯了。"

　　好亲切的"力维"。

　　走进体育馆，篮球场上两队球员正在进行半场进攻练习，球场边有球员在做力量练习。进攻练习的女球员队伍中，一个参与其中的男子动作敏捷、身法矫健，在队伍中特别显眼。

　　我拿出手机，习惯性想拍照。小黎礼貌地阻止，说现在演练的是对阵上海队的阵容，俱乐部有规定，不能拍照。

　　有些遗憾，但是得尊重规定，收起手机，指指那个男子："他是陪练？"

　　小黎摇摇头："是技术教练，专门指导技战术的教练。在场上，针对性指导每个球员的技战术。"

　　"每个俱乐部都有？"

　　"只有少数俱乐部请得起。"小黎颇为自豪。

　　跟小黎对话的同时，眼睛搜索着杨力维和黄思静。凭着电视转播清晰的画面和网上各种图片，很快找到两人。

第十二章 · 巴黎相见

训练中的两人各自带着一支队伍在演练阵容。球场上，除了运动鞋和地板摩擦的吱吱声，就是偶尔传球、要球时短促、尖锐的喊声回荡在空旷的球场上空。

此刻我的目光集中在杨力维的身上。杭州亚运会旗手、中国女篮队队长，此刻就在这个规模不超过3000名观众的体育馆训练。从这个角度看，东莞女篮俱乐部务实、低调，注重实效。

记忆中悉尼世界杯杨力维的发型是丸子头，杭州亚运会，发型改为短发。近距离看到真人，短发加俊朗、白皙的外表，更显精致、敏捷，不由再次佩服杭州亚运会组委会的眼光，选择集人品、气质、能力于一身的中国女篮队队长担当旗手。

看着杨力维一个突破，并没有使出全力，想到杨力维的伤，随口问小黎："你们的队医很强吧？"

小黎点点头："平时是俱乐部的队医，国家队有比赛就是国家队的队医，当然厉害。"

小黎看看表："我们先到办公室等一等，时间还早。"

既然能采访，就客随主便，跟着小黎走出体育馆，穿过大马路，走到斜对面的一幢公寓楼。

这里是广东东莞新彤盛女子篮球俱乐部的住址，五、六两层楼，办公区、力量馆、康复区、宿舍、食堂都在这里。

在WCBA排名前四的俱乐部，太低调了吧？

小黎笑笑："够用了。"

"够用了。"含义深刻。中国女子篮球联赛，其实关注度远远不如男篮。俱乐部得到的赞助有限、球员的收入有限。美国的WNBA也是如此，NBA球星的收入动辄上千万美元，WNBA那些星光闪耀的女球员，一个赛季平均收入不过数万美元。

为了成本控制，想来全国女子职业俱乐部都会从"够用"的角度考虑场地、设施、办公环境。顶级俱乐部尚且如此节俭，说明女子篮球的发展并不像球迷表面看到的那样光鲜。选择女子职业篮球的，事业心和情怀缺一不可。

敬畏之心油然而生。

进办公室要经过力量馆。训练设施并排摆放，中间留出一个活动空间。立墙上的镜子增加了房间的视野。一个身材高挑、身高至少一米九的女孩正在独自训练，小黎说："这是迪拉娜·迪里夏提，力维的队友，伟伦体育运动学校的校友。也是国家队球员，参加过悉尼世界杯。有伤，单独做力量训练。"

力维的校友，国家队的队友，这里真是藏龙卧虎之地，不免多看了这个女孩子几眼。女孩很专注，不受影响，自顾自练习。

走进办公室，小黎的办公桌前两个大纸箱装满篮球，红色的麻面球上面有球员密密麻麻的签名，杨力维的签名最显眼，也最有笔力。

"没有看到杨舒予的名字嘛？"我疑惑地问了一句。

"等她回来补签。"

"这些球？"

"董事长安排的，都是在活动中送给球迷的。"

第十二章·巴黎相见

听了这话，我心里咯噔一下，想开口要一个。想想忍住，采访没有完成，提这样的要求不合适。况且，交情不到主动要，也不礼貌。

忽然想到杨力维的铁杆粉丝岩真，如果此刻他在场，看到杨力维签名的篮球，会是怎样的心情？想必他跟杨力维的球迷一样，会认为训练场地豪华、阔气。一旦看到真实的现场，又会作何感想？进一步又想，那个帮岩真要到签名球衣的记者，是如何做到的？

看小黎忙着烧水，再次忍住冲动，瞥见办公桌上有一本2023—2024赛季中国女子篮球联赛手册，好奇地拿在手中，翻到东莞女篮的页面，权当采访杨力维前的准备。

手册上终于看到李总的具体身份：球队管理、领队。还看到著名的前女篮队队员黄红玭也是俱乐部的工作人员。最令人惊讶的是杨力维和黄思静也有了球员之外新的身份：助理教练员。

至此恍然，原来优秀的球员在球员期间就肩负助理教练员的职责，原来运动员到教练的道路是这样一步步走出来的。

小黎端过一杯水，接过来，放下，抓紧时间问："你觉得力维和舒予这一次能够一起参加巴黎奥运会吗？"

小黎挠挠脑袋："应该吧，我不太清楚这些事，再说，这些事俱乐部说了不算，所以，说不来，你问问别人。"

明显的回避，不过这个问题还真不好回答，看着小黎为难的样子，我笑笑说："问问而已，不需要答案。"

"那么平常时间，姐妹俩是不是经常在一起？"

小黎想想说："打球、训练肯定在一起，力维对舒予的要求很严格。休息时间，一般不在一起，各玩各的。力维喜欢骑自行车兜风，舒予喜欢找好朋友放松。都喜欢逛街，只不过分成两伙。"

7个年头的"代沟"，加之我的人生我做主的性格，妹妹当然不愿意在姐姐的呵护下失去独立性，果然是特立独行的姐妹俩。花开两朵，光芒各异。

又聊了一阵，小黎看看表说："11点半，差不多该结束了。"

回到体育馆，主教练林耀森正将球队集中在一起，不停地说着什么，看样子一时半会结束不了。

"再等等吧。"小黎先坐下来。

我求之不得，注视着场上的杨力维的一举一动。跟之前看到的一些视频一样，严谨、不苟言笑，总是若有所思的样子。

教练部署完，一声断喝，训练开始，从球场底端开始，二打一到另一端后，转换为二打二，然后二打三、三打三、四打三、四打四、五打四、五打五。这是一个全队的随机组合，杨力维和黄思静跟随着球队，一起演练。

演练过程中，发现一个细节。杨力维休息的时候，会站在某个角落，或者手叉腰部，或者倚在栏杆上，独自远远观察球队的演练。看上去高冷、置身事外，实际上是在思考和发现。这是教练的特质，难怪能担任助理教练。演练完毕，是三分球练习，队员围着半场强化三分球。黄思静投篮的时候，杨力维站在一边喂球，开始她的"球场服务"技能。

趁着这个间隙，我赶快走到主教练身边，直截了当地问："林教练，请你谈谈对杨力维、杨舒予的印象。"

体格健硕、已然有白发的林教练爽朗一笑，一口广东普通话："好，都好，训练刻苦，对自己要求很严格。是难得的球员。"

"那么姐妹俩有可能参加巴黎奥运会吗？"

林教练扭头望望杨力维："她们很优秀，理论上没有问题，不过要以集训大名单为准。而且，联赛的表现很重要。这个赛季我虽然只是保四，但是要争取进三。她们几个在，不会有问题。"

林教练不下断言，是面对媒体的谨慎，以联赛结束，则是工作为重。果然是资深的老教练，说话滴水不漏。

如今的姐妹花，在俱乐部是宝，谁都想她们携手巴黎奥运会，为祖国争光义不容辞，客观上也将为俱乐部带来更大的商业利益。

只不过大家都很谨慎，小黎也罢，林教练也罢，都是守口如瓶，怕说过了话最终与现实不符。

12点半，训练终于结束，这才有机会上去跟杨力维打招呼，说句话。只不过，杨力维躺在球场上，队医正在给她放松肌肉，缓慢、用力向上掰腿。杨力维第一句话就问："你今天就要走吗？舒予晚上才回来。"

"我可以明天再走。或者回广州明天再赶过来。"

如果能够见到杨舒予，等一天不是问题。

"好吧。一会儿说。"杨力维点点头。

小黎拉着我说："先吃饭。"

想法是先采访，但是都12点半了。问题是下午她们还有力量训练，只有中午这点时间，太纠结了。

小黎安慰说："吃完饭，力维要理疗，利用她理疗的时间，不会耽误你的采访。"

听了这话，我才不情愿地跟着小黎，到俱乐部餐厅吃饭。

吃完饭，在超漫长的等待感觉中，小黎终于过来说："走，可以了。"

快到理疗室，忽然心跳加快。走进理疗室，杨力维依然穿着球衣，平躺在理疗床上，一男一女两个理疗师正在为她理疗。电针加手法，才进去就听见杨力维忍着痛苦轻轻"呀"了一声，说："调低点。"

客观说，这个理疗室局促了一些，几张理疗床占据大部分位置，康复器械、设备占据部分位置，剩下的空间就不多了，加上坐在理疗床上采访，心理上其实有些不太适应。

杨力维则十分坦然，仿佛司空见惯一般。理疗师推拿中，比一般人至少强壮一倍的大腿健壮的腿部肌肉清晰可见，发散着力量之美。难怪有那么快的速度、那么强的爆发力。刚性的力量与女性的柔美就这样完美融合。

第十二章 巴黎相见

之前设想过各种采访的场面,就是没有想到会以坐在理疗床上的方式进行采访,看着对面理疗床上杨力维不时痛得皱眉的神情,进行关于姐妹俩篮球话题的采访。

忽然想起老杨说的冰桶泡脚的那些事,不由心生怜悯,一时间竟无话可说,扭头对小黎说:"这也太遭罪了。"

小黎点点头:"你可能不知道,她们受伤是经常的事。只要受伤,就要理疗。今天算好的。多的时候,十几个人排队。"

依靠跟小黎的对话,总算缓冲了不适应。心想你以为的痛苦和煎熬在运动员这里不过是日常的一部分,此刻的同情再继续下去就是矫情。

既然时间不等人,那就直奔主题,先抛出一个话题:"你记忆最深刻的比赛是哪一场?"

躺着的杨力维两只手翻弄着手机,平静地回答:"还真记不得了。打过的比赛太多,一时间想不起来。"

本意是想引出悉尼世界杯、杭州亚运会等,结果杨力维如此平静,一句记不得就总结了篮球生涯的征战历程。这可能吗?看她的表情,回答很认真,不是在敷衍。只能认为这是百战之后的平静,看透赛事的豁达……或者这个话题不好,问得不专业?那就换一个话题。

"想听听你对WNBA的感受?"

杨力维听了这个问题,扭头看了我一眼,似乎很欣赏这个提问,随即回答说:"到那边(WNBA)之后,生活上有很大的变化，不像国内这样的体制，衣食住行都不用考虑。首先，一日三餐，包括住宿，都得自己负责。日常生活方面消耗大部分精力，训练前、比赛前各种准备工作都要自己安排，只有将日常生活安排好，才有好的状态去迎接训练、迎接比赛，这是一个非常不一样的点。不像在国内，只要准备打球，只要把球打好就行。还有就是你只有在场上的时候或者在训练的时候，你跟球队是一起的，训练结束、比赛结束，你就是一个人，需要对自己进行管理，自己需要花很多心思和精力去考虑怎么管理好自己的身体，对自律的要求特别高。"

杨力维停顿一下又说："在WNBA也学到很多，比如说训练的方式。WNBA每天的训练时间很短，但是它整体的时间拉得很长。时间虽然短，效率却很高，服务也很好，训练时的氛围非常热烈，充满热情。队友感觉你训练有效果就不停地喊，不停呼应。再有就是他们职业化标准做得特别好。各司其职，每个人都把自己的工作做得很好很到位，分工非常明确。"

忽然之间，杨力维停顿了一下，对理疗师说："轻点，我都出汗了。"

听得出，她说"出汗了"是前面省掉了一个"疼"字。暗自叹息选择这样的时间点采访，实在有些冷酷。

受到理疗之痛打扰的杨力维缓了缓，接着说："真的上场比赛的时候，感觉WNBA不是在国内咱们想象中那么遥不可及，其实国内（女子联赛）跟他们的差距也不是很大。有时候我觉得国内球员能够站在那样的舞台，去锻炼去磨炼，的确是非常好的平台，但是没有必要把WNBA特别放大化，其实我们应该要有自信，只要我们足够努力，大多数球员都有实力在那样的平台去展现。

"中国的女子篮球联赛跟美国的女子篮球联赛，说到底都是职业赛事，只是人不一样，平台和机制也不一样。双方可以相融、可以对抗，中国人要有自信，要敢于挑战这样的机会。"

这番话出自一个跟洛杉矶火花队签约并参与过WNBA赛事的中国女篮队队长口中，那份自信让我暗暗吃惊。NBA带动的WNBA的强大，神话般的光环被这一番话打破，作为局外人，只能认为她说得在理。但是还不服气，接着问：

"能不能跟国内联赛具体对比一下？"

"最大的区别就是WNBA球队之间的水平差距不大，球队在比赛过程中相互切磋、相互成长、相互提高技战术。国内的联赛球队与球队之间水平差距大，比赛过程常常是一边倒，达不到练兵效果，弱队还会拉低强队的对抗能力。"

一语中的，2024年巴黎奥运会女篮资格赛中国赛区西安站中国队对阵法国队那场比赛，简直就是对这番话最好的注解。

紧接着，我问了一个球迷都很关心的问题："能不能说一说被选为亚运会旗手的事？"

杨力维笑了，扭头说："这件事我一点都不知道，跟大家一样，看到新闻才知道的，然后下午训练的时候，教练组才正式通知我。"

我哑然，这么大的事，当事人事先都不知道，可见旗手选拔的严肃性和纪律性。

说话间，杨力维翻过身继续理疗，这才反应过来，她翻看手机的目的是减缓理疗的痛苦。

交谈到这个程度，感觉杨力维也进入了话题中，急忙插入开头的话题："你自己觉得打比赛印象最深的是什么，哪一场？不论在国家队还是其他队，包括你小时候的比赛，你印象中有没有说起来就能想起来的那种？"

这个切入点不错，杨力维找到了回答的点，话题完全打开，进入侃侃而谈的状态。

她爽快地回答："如果是这么说的话，就是2017年我（广东女篮）打全运会的比赛，那一年我拿了全国冠军。那个时候自己也只是个年轻球员，虽然是主力后卫，但能力确实有一定的差距，经验也有限，状态也不是特别好。我记得是对阵山东队和上海队，失误特别多。那段时间内心很挣扎、很纠结。一方面想做得特别好，一方面反而越做越不好。那个时候的状态算是一个坎，自己心里面一个过不去的坎。后来我觉得这些事情谁也帮不了，还得靠自己过这个坎，它就像是一层窗户纸，你敢不敢去把它捅破？最终我做到了，在球场上做到了，捅破了心理认知的那层窗户纸，然后恍然大悟——有时候你技术再好，但是你心理素质不过硬，就没有办法展示好的状态。"

杨力维说话的时候，思路清晰，语速平缓，虽然是在回答问题，但又像是再次审视自己的心路历程："所以你问我哪场比赛印象深刻，我一时间回答不出来。印象深刻的比赛，不是输球和赢球，是这场比赛从技术和心理上是否得到挑战和突破、是否找到这个点。这个点有时候需要别人告诉你怎样做，或者你是不是需要别人教你、帮助你、提示你。但最终还是要你自己去克服一些东西，比如心理层面的障碍。比如2018—2019赛季，东莞队拿到了总冠军，我就十分怀念那个时期的比赛状态。"

直觉告诉我，杨力维说这番话的时候，每说到一个点，眼前必然浮现当时的情景，俯卧的她，眼睛看着墙面，思想已经穿越这道墙，回到了她说到的现场，注视着她的纠结和痛苦节点。意识穿越的专注，甚至忘了理疗力度、电流过大的痛楚。

"那段时间，为了一场比赛没打好，我会反复观看录像。哪里不好了，我会马上去看录像，就想马上去解决它，心里会非常着急，甚至会为了一个技术问题，看到很晚很晚。第二天一大早睁开眼睛，马上又要去看录像。到现在我挺怀念那种状态，那种为你心里目标和热爱的东西，去花时间、花精力去努力的特别感觉。

"从那个时候起，我走出来了，从心理阴影中彻底走出来了。比赛过程中，放下了自己的那些私心杂念、患得患失的心理。从那个时候开始自己慢慢变得稳定，能够完整地把每一天的训练都练下来。从技术层面也好，心理状态也好，都逐渐稳定了。"

稳定了，就是完成了个人的质变和飞跃。这才是希望听到的内容，这才是一个伟大的运动员成长的心路历程。仅有技术远远不够优秀，还要有强大的心理素质和情绪把控能力，方能完成优秀到伟大的嬗变。

"那么你觉得这种情绪的根源在什么地方？说说看，对其他人也许有帮助和启发。"

此刻也放开了，借着话题深挖。一个运动员，成长到今天属实不容易，她的经验和感受，必定含金量丰富。

杨力维拨弄下手机说："还是性格的原因。我从小就很较劲，球打不好，我就会吃不下睡不好，小时候就常常这样。在伟伦、在国少、在国青时都这样。那个时候，身边有很多来自各个省的很优秀的同伴，跟她们在一起竞争压力很大。加之教练对自己的期望值很高，让我对自己的要求更高，只要一个点做不好，就会很着急……生活当中我也是一个非常着急的人，其实我不是跟别人着急，我大部分时间都跟自己着急，就跟自己较劲怎么又打不好，意识中就是不允许自己犯错误……就是从这么一个过程走过来，慢慢摸索，并寻求同伴的帮助，教练的帮助，还有身边好朋友的引导，父母的支持，才慢慢学会用好的方式调节自己，去面对这些不好的情绪。"

不是自律严苛程度的人，不会这么对待自己，不会对自己要求这么高。献身篮球，就不弃不离，一生相随，追求最好，追求极致的境界，仿佛登山，非得要"一览众山小"才罢休。

最令人惊叹的是眼前这个女篮队队长善于学习和接纳，最终走出了自我思维的境界，步入大我的超一流格局中。也许只有这样的境界，才能在理疗的痛楚中，拨弄着手机跟我交谈她的篮球生涯、倾述她的职业感悟。

是时候将话题回到姐妹两个身上了。"你和妹妹会经常在一起吗？"

杨力维听到妹妹的话题，也没有拐弯抹角，直率地说："我跟她年龄确实有一些差距，她喜欢的事情和她身边的伙伴都是跟她同龄的，我身边的也是跟我同龄的，我们喜欢的一些事情不是很相似，所以我有我的生活，她有她的生活。每个人都需要朋友，需要自己的生活圈。"

"你觉得妹妹打球的特点是什么？"真诚的交谈下，提问单刀直入。

"三分球是她的特点，通过这几年的历练，场上突破也很有冲击力。比赛中需要突破的话，她可以，需要投篮的时候她也很准，我希望她未来可以发展得更加全面。"

"能不能跟你当年这个岁数时的水平对比一下？"再次单刀直入提问。

"我觉得比我好，只不过特点不一样，那个时候就特别快，快攻反击突破是我明显的特点。舒予从小手感就很好，她的机会比我好太多。"

杨力维下午还有力量训练，我得抓重点，随即问"之前跟你父亲聊起妹妹，他说妹妹在联赛表现非常不错，每一场的发挥都特别好"。

听了这话，杨力维扭头看看我，表情有些激动："我觉得我对她的要求和我爸对她的要求完全不一样。我的要求是国家队的要求，国家队的标准。我对她的要求是你的状态能不能对抗国际大赛？按照国际大赛的标准要求，目前的她还有差距和进步空间。"

这样问不合适，那就换一个方式："年轻球员状态一定会有起伏，如何突破这个点？"

回到技术问题，杨力维情绪平缓下来，快速说道："这是我想帮助她突破，也是我希望她能够做好的，就是找到好的方式缩短这个时间。因为我小的时候也有起伏，但不是所有的那个阶段都有人告诉你，你应该这样或者是给到你好的方式，你可能会需要花很长的时间自己去领悟。悟出来就悟出来了，悟不出来可能这个坎就过不了。所以我自己走过来之后，有时候能在她身上看到自己，非常理解她的状态。但没办法，现在处于这个位置，大家对她期望也很高，她也是国家队的成员，要面对的不仅是联赛的对手，还要面对国际赛场上的队伍，所以对她要求的标准非常高。

"刚开始的时候，我们之间也有矛盾，我可能对她的标准就像教练要求她一样，甚至有时候比教练的要求还要高。训练的时候，教练都觉得可以了，我就觉得不行，过不了，或者严格要求她，或者去教她。这个过程她非常不适应，非常不喜欢，觉得其实你就是姐姐,为什么一定要像教练那样去跟她说话,或者是要求她。现在我在跟她沟通的时候,先告诉自己首先不能着急,先调整自己的心态和情绪。因为我跟她着急,再用非常直接的方式,她是接受不了的。"

看来,姐妹花之间还是跟所有家庭的兄弟姊妹一样,避免不了争吵和矛盾。然而正是这样的争吵和矛盾,让亲情更加牢固、更加具有温情和血脉相连的紧密。

欣慰中继续静听杨力维谈妹妹。

"其实我跟她谈话的目的是想帮助她,是想让她解决问题的过程更高效,如果我还是按我以前自己处理问题的方式对待她的话,这个事情就没有办法处理好,这是长时间在一起磨合沟通总结出来的结论。但有时候我常常很纠结,因为国家队的教练也好,其他队的教练也好,教你的时候,不会根据你喜欢的方式来告诉你,对每个人都是一样的,如果你都接受不了,你怎么去解决问题?一个人如果要求别人按你喜欢的方式来做,那是不可能的。所以我纠结的是,如果你在我这里都适应不了,你怎么去适应教练给你的压力?

"当然这是我以前的想法,后来我觉得方式方法更重要,达到了目的就行,毕竟我也是姐姐,我可以做到理解她,包容她,可以去用她想要的方式,只要达到目的,我就这样做,没有什么不可以的。"

果然如我所料,姐妹始终情深。姐妹花的绽放是相互扶持和支撑。

　　理疗即将完毕，小黎进来，提醒说力维还有力量训练。虽然意犹未尽，但也只能跟杨力维告别，然后跟小黎告别，说好明天上午来看训练赛。因为小黎说，杨舒予晚上回来，明天参加训练赛，当然不能错过见见"小羊"的机会。

　　第二天，从广州再次赶到东莞，在训练赛前半小时，走进大朗体育馆。昨天晚上赶到伟伦体育运动学校，探访到更多的细节，满足感一直洋溢在脸上。笑容满面扫视一圈，球场比昨天的气氛浓郁不少，一眼看到杨力维、杨舒予都在热身准备训练赛。远远向杨力维竖起大拇指，便将目光集中在杨舒予身上。

　　小黎歉意地说，训练赛结束，球队就要出发，客场打上海队，没有采访时间，只能看看。

　　看看就看看。能看看，已经是最大的满足。

　　"还是不能拍照、录像。"小黎又强调。

　　"明白。"拍拍小黎的肩膀，小伙子的尽心尽责值得夸奖，只是苦了我这个想留下点影像的采访人。

　　旅途奔劳的"小羊"，飒爽英姿，浑身散发着青春的活力，看来这一趟的出行十分顺利，"小羊"精神饱满，情绪昂扬。

　　比赛开始，如姐姐所说，果然是突破力强劲，快速冲到篮下，突破投篮成功。昨天的一番话之后，再看姐妹花，对她们在场上的一举一动，都有了更深的理解，能够体会姐妹花选择站位、突破、远投、掩护的良苦用心和意图。

更高、更强、更快的口号在比赛中的行动就是夺取胜利，在训练中就是突破自己，超越对手。

看着姐妹花、黄思静和其他球员在训练赛中全力以赴，头脑中浮现昨天谈及奥运会杨力维的心得：对职业球员来说，奥运会既是全球瞩目的赛事，也是运动员长时间比赛连轴转的一部分，或者说是职业生涯的一部分。肩负为国争光的重任，压力跟其他级别的赛事不一样，非常大。训练期间谈论最多的是怎么去了解我的对手，专注于当下，专注于备战，专注于怎么去把这个对手研究明白，不受外界因素干扰。

只是一次联赛前的训练赛，但是看到了专注当下，看到了心无旁骛——此刻，相信场外的一切已经从她们的视野中消失，眼中只有球场和篮球、队友、对手……

尽管采访的时间短了点，但还是满足了，也暗自感谢俱乐部安排了有限的时间。要知道，为了这一次东莞之行，前期的协调商议几经波折，才总算达成目的。

回首2024年2月18日，春节的余味还在唇齿间荡漾，拨通老杨的电话，询问跟姐妹花商议的结果。当然，特意重复大年初一到西安看球赛这件事，再次表明诚意。

老杨的回答一如他踢球那样干净利落，回答说姐妹花都同意接受采访，但是需要跟俱乐部协商，得到俱乐部的同意才行。他已经进行过前期的沟通，具体的还需要我跟俱乐部商谈。随即将杨力维的微信名片推送过来。

求之不得，马上打开，申请通过。

很快，我加上了杨力维的微信，将采访的意图作了详细说明。杨力维没有推辞，将她的经纪人微信名片推送过来，说具体的要跟经纪人桃子谈，她不能擅自做主。

继续加桃子的微信，通过之后，将来意、采访函发过去，希望能够安排时间，采访杨力维。态度十分明确，时间、地点由俱乐部决定。一旦安排，立即启程。

一天之后，桃子的回复来了，这件事经纪人团队不能决定，需要俱乐部领导的同意。

之前老杨就介绍过这方面的情况，姐妹花签约俱乐部，各种活动有商业合同限制，出于保护的角度考虑，一般不接受采访。

从商业的角度没有问题，但是姐妹花不仅属于俱乐部、广告代理商，还属于球迷，属于中国体育，属于公众。书写她们的事迹，为云南青少年励志，这样的行动是为姐妹花摇旗呐喊，变相为俱乐部增光添彩，为商家涂金，这是锦上添花的美意，俱乐部应当全力支持才对。

桃子为难，无需强人所难，转而要到俱乐部李总的微信名片，申请通过之后，将采访函、采访提纲、该书的梗概、大纲发给李总，强调这是为云南省青少年写的一本书，无任何意图，纯粹的写作。所以特意写了这么一句话：先代表云南热爱篮球的青少年感谢俱乐部帮助完成这项公益事业。

剩下的事就是等待回复。

无非是两个结果，一是同意，二是不同意。如果不同意，也要前往东莞，当面陈述。总之，要完成采访姐妹花的目的。姐妹花的篮球佳话，只是在新闻报道、人物通讯中出现，长此以往将淹没在媒体的海洋中。身为云南作家，有这个责任和义务写就姐妹花篮球生涯的篇章。

2024年巴黎奥运会女篮资格赛中国赛区，中国女篮以2胜1负拿到进军巴黎奥运会的入场券，从老杨夫妇到姐妹花到云南球迷，都希望姐妹花能够再次入选巴黎奥运12人大名单，完成终极的巴黎相见。

如果这样的话，中国女篮历史、姐妹花的篮球生涯，都将记下这段只可巧遇的美好时光。

但是，美好的事物经常面临残酷的变数。如今的中国女篮，是新的"黄金一代"。从郑海霞1997年加盟洛杉矶火花队开始，中国姑娘进入WNBA的球员不到10人，在韩旭、李月汝一同登陆WNBA前，仅有郑海霞、隋菲菲、苗立杰、陈楠、邵婷5人效力过WNBA赛场。当韩旭、李梦、杨力维同时代的3人出现在WNBA赛场上时，"黄金一代"实至名归。

实至名归的"黄金一代"，带来的是高水平的竞争。随着年轻球员的快速成长，具有进入12人名单实力的女篮球员不在少数。不过在我看来，全国女篮队队员的精英不过200来人，杨舒予绝对排名在前20名，有进入大名单的实力。只不过能否入选谁也不敢下定论。第一步是否能够参加集训，第二步集训的状态是否达到教练组的要求，第三步所处位置上是否最具状态和竞争力。

这些疑问，都希望在采访中找到答案。

如今尘埃落定，返程中回味采访的环节，恍然间觉得这些问题都有了答案。忽然觉得一直盘踞在头脑中"巴黎相见"的概念认知有偏差。

一直希望的结果是，姐妹花携手征战巴黎奥运会，如果战绩理想，能够带回奖杯，姐妹花加奖杯的结局将是女篮历史上最圆满的佳话。

中国人讲究十全十美，这样的结局就是基于十全十美的推理。

然而，这真的是"巴黎相见"完美的结局吗？

姐妹花为女篮壮行，不参加巴黎奥运会，就没有了"巴黎相见"的佳话？

姐妹花一人出征，一人壮行，就没有了"巴黎相见"的佳话？

中国女篮征战巴黎奥运会，如果没有得到奖牌，就不算"巴黎相见"？

恍然悟到的是，都算，此刻开始，"巴黎相见"的定义需要修改。上述所有的结果都是"巴黎相见"的不同形态的呈现。

事实上，姐妹花已经在东京奥运会完成"东京相见"的壮举，只是没有同场征战而已。在国内联赛中、洲际比赛中、巴黎奥运会资格赛中，有过数次携手拼搏的美好画面、壮丽情景，所以"巴黎相见"的终极携手一旦梦想成真，将载入奥运会史册。

如果进一步深究"巴黎相见"的真正意义，是在姐妹花激励下新的女篮队员横空出世，在篮球世界继续"华山论剑"，摘取新的桂冠。是云南女篮在姐妹花影响下再次辉煌，走进WCBA，实现新的腾飞……

时间转眼来到2024年5月1日，球迷期待的中国女篮巴黎奥运会17人名单出炉。如东莞女篮主教练林耀森判断的，毛教练用技术数据推算的，老杨冷静预判的，我和球迷期望的，姐妹花在17人名单中。

这是球迷渴望的姐妹花携手巴黎的最后一个驿站。

在这个驿站中，锋芒闪耀者，方能征战巴黎。姐妹花能否突破17人中的5人末位竞争阵营，跻身12人名单，只能拭目以待。

以杨力维的实力和身体状态入选12人名单是大概率事件，只要集训期间不意外受伤。"小羊"跟同位置选手的竞争则要残酷得多，她要跟李梦、潘臻琦、张茹、黄思静、罗欣棫这5名主力竞争锋线位置，落选12人名单的概率大于入选。

不过，22岁的黄金年龄和身体素质是她的另一优势，中国女篮"黄金一代"连接到下一代，今后她必然肩负承上启下的重任。

所以，不到最后一刻，谁也说不清，包括教练组，集训数据决定结果……

不过不管姐妹花能不能携手出战，"巴黎相见"的中国女篮佳话，能否如愿已经不重要。姐妹花已经成为青少年可以学习可以当作榜样的体育明星。她们在山海之间攀登高峰，将一座座篮球山峰踩在脚下的辉煌，闪耀着青春和励志的光芒。小小的篮球，从源头到珠江，拍打出慷慨激昂，拍打出万千柔情，拍打出无穷无尽的人文情怀……

杨力维身为广东省政协委员，2024年5月，又当选为云南省青年联合会第十二届委员会副主席，两省荣誉集于一身，篮球之外的高山，一座连一座，都是顶峰之上观云海风云，未来的体育天地充满无限可能……

2024年5月，另一座高山继续被杨力维攀登，超越云海，健步在篮球和体育的群峰之间——耐克为杨力维专门打造了球员版战靴，也是耐克第一双为中国女子篮球运动员推出的球员版鞋款，宣传语非常的杨力维："篮球就像我生命中的光，指引我渡过难关，帮助我成长。"

令云南球迷无比欣慰的是这双鞋子的配色灵感来自昆明的蓝天和彩云，隐喻杨力维对家乡彩云之南的深厚情感。鞋身主色调的淡蓝色和昆明的蓝天相呼应，侧面通过Flywire飞线设计以及珠光色彩的元素搭配，让鞋身在阳光的照射下会如同七彩祥云一般，迸发多彩耀眼的光芒，寓意着纯粹与美好，就如同篮球带给所有热爱它的人一样的感受。

"女篮"公众号如此评价：球鞋还有专属于杨力维的个人标识，以"光"为主题设计灵感，四道流畅的线条巧妙组合成杨力维名字的首字母缩写——YLW。这些线条既象征着杨力维在球场上如光般迅速的球风，也代表了作为队长的她，在近20年的篮球生涯中所展现的坚忍的意志、果敢与沉稳的场上表现以及生活中

第十二章 巴黎相见

直爽又温暖的性格，就像光芒一样不断影响着喜欢篮球的人，特别是喜欢篮球的女生。

当球迷沉醉在篮球姐妹花一步步攀登体育高峰，纠结她们能否完成巴黎奥运会"巴黎相见"的完美时，巴黎时间2024年5月5日，历史长河中的又一次"中法巴黎相见"——习近平主席对法国第三次国事访问引来全球瞩目。这是巴黎奥运会前两个国家立足双边，面向全局的"巴黎相见"，推动多极化的两大力量、支持全球化的两大市场、倡导多样性的两大文明的奥运盛事前的友好会师。

关于体育、关于体育精神，两国元首意味深长地互赠奥运火炬。面对奥运会的即将到来，习近平主席如是向马克龙总统表达对巴黎奥运会的支持："法国是一个体育强国，我衷心祝愿巴黎奥运会取得成功。中方将派出高水平代表团赴法参赛。"

来自太阳的奥林匹亚圣火，从2008年的北京到2024年的巴黎，汇合成两国元首"巴黎相见"的历史性时刻，巴黎奥运会将以法国式的浪漫迎接全球运动员的"巴黎相见"，塞纳河边的观众将亲眼见证这崭新创意的运动员入场仪式，全球热爱体育、热爱和平的人士将目睹2024年巴黎的体育狂欢时刻——当地时间7月26日晚上7时30分，北京时间7月27日凌晨1时30分，巴黎奥运会开幕式将呈现集体育、艺术、人文为一体的数十万人演出的盛况——夕阳的余晖之下，运动员们乘坐游船从奥斯特里茨桥由东向西出发，航行6公里至埃菲尔铁塔对岸的特罗卡德罗广场，参加在那里举行的庆祝仪式……沿途将安排艺术表演，并有12幅画作展示巴黎以及法国的文化遗产，共有约180艘船只参与开幕式，其中94艘船只用于搭载运动员。现场观众从最早预计的60万名缩减了将近一半。届时将有10.4万名购票观众在靠近水面的河岸部分观看，另有22.2万名持免费票的观众在离水面较远、位置较高的看台上观看。

那是令所有人期待，还没有开始就身心温暖的时刻。当下这个世界，唯有体育能够让全球不同种族的人如家人一样聚集、狂欢，追逐人类共同的竞技价值……

在这样广阔的体育天地之下，"巴黎相见"的含义广阔、包容，奥林匹亚圣火下的世界，人人都有实现"巴黎相见"的愿景和动力……

时间来到5月29日，中国女篮跟澳大利亚女篮的热身赛在沈阳拉开战幕。两队将于5月29日、31日和6月2日对战3个回合。

比赛一开始，场面异常火爆，双方火力全开，虽然是热身赛，却已摆出一副首战即决战的架势。姐妹花如球迷所愿上场参战，非常引人注目。

杨力维无愧队长身份，淡定自如，带领队友控制着场上的节奏，传球、穿插老辣，隐然沉稳的大将风度，但是拼抢积极凶狠。结果在一次不顾一切的拼抢中，跟对手双双倒地，蹭到膝盖，下半场被教练雪藏。

杨舒予则让人眼前一亮，一改巴黎奥运会女篮资格赛的低

第十二章 · 巴黎相见

迷,仿佛回到联赛环境中。三分球、抢断、突破、干扰、篮板如鱼得水,尤其是篮下强攻,赢得解说员的连珠夸奖。当然也有失误,被对手抢断导致失分,强攻的必进球没有进,配合方面还有缺陷……可喜的是,无论是对抗还是技术,都已经跟对手势均力敌!更大的惊喜还在后面,接下来在5月31日、6月2日的热身赛中,杨舒予一场比一场发挥得好,第一场的失误被抢断彻底改观,3场热身赛以42分8个篮板7次助攻排名第二。接下来的热身赛、海外拉力赛如果一直保持这个状态,巴黎奥运会姐妹花携手成为塞纳河风景、再次"巴黎相见"的美好愿景完全有可能成为现实。

从巴黎奥运会女篮资格赛的不适应,到热身赛令人刮目相看的突飞猛进。杨舒予"在无人问津的地方加练,在万众瞩目的地方出现!"

——杨舒予未来国家队主力的潜质正从一场场比赛中展露。

无论结局如何,我们都拭目以待,期待云海传奇,成为塞纳河畔的美丽传说——就算一切如愿,都只是"巴黎相见"的开始,因为姐妹花的花期漫长而芬芳……

杨力维坚持聚集和散发自身的光芒,不仅影响了妹妹杨舒予,还和她一起,将这份力量传递给了更多热爱篮球的女生。当姐妹俩聚在一起,即使微光也能闪耀,表达了激励更广大的女性社群之间互相支持、鼓励的希望。曾经有人问杨力维,一个普通女孩想要成为职业篮球运动员,最先应该克服哪些困难?杨力维回答说："如果她足够热爱，就不会有任何困难，因为热爱会让你奋不顾身。"

20年前，杨力维因为热爱打篮球，离开家乡昆明，跨越1300公里来到广州。一开始，年幼的她特别孤单，无所适从，所幸在训练中感受到队友们的鼓励。11年后，妹妹杨舒予走上了相同的道路，两人共同闪耀，照亮前方的路。

家乡昆明是姐妹俩篮球梦想的起点，也成了她们内心的依托，成为球场砥砺前行、克服万难的恒久动力。

每个仰望蓝天的孩子，都会有飞向蓝天的梦想。

当春天来临，飞花满天，她们彼此看见、彼此依靠、彼此温暖，只要姐妹在，就充溢着生命的花香！